本书是2025年河南省教师教育课程改革项目
“学术型中小学思政课教师培养机制与实践研究”
（项目编号：2025-JSJYYB-065）的阶段性成果

# 核心素养视角下
# 初中《道德与法治》作业
# 设计策略研究

张洪新 刘艳娜 著

辽宁人民出版社

© 张洪新　刘艳娜　2025

**图书在版编目（CIP）数据**

核心素养视角下初中《道德与法治》作业设计策略研究 / 张洪新，刘艳娜著. -- 沈阳：辽宁人民出版社，2025. 7. -- ISBN 978-7-205-11590-6

Ⅰ. G633.202

中国国家版本馆CIP数据核字第2025H573S5号

出版发行：辽宁人民出版社
地址：沈阳市和平区十一纬路25号　邮编：110003
电话：024-23284321（邮　购）　024-23284324（发行部）
传真：024-23284191（发行部）　024-23284304（办公室）
http://www.lnpph.com.cn
印　　刷：辽宁新华印务有限公司
幅面尺寸：170mm×240mm
印　　张：12.25
字　　数：165千字
出版时间：2025年7月第1版
印刷时间：2025年7月第1次印刷
责任编辑：盖新亮　高　丹
装帧设计：丁末末
责任校对：李嘉佳
书　　号：ISBN 978-7-205-11590-6

定　　价：68.00元

# 前 言

21世纪以来，社会经济发展和科学技术进步对公民的综合素养和创新能力提出了更高要求。随着数字时代的来临，教育改革不断推进，素质教育成效显著，但与立德树人这一人才培养目标还存在一定差距，指向培育学生核心素养的新一轮课程改革应运而生。为了落实立德树人的根本任务，2014年3月，教育部出台《关于全面深化课程改革落实立德树人根本任务的意见》，初次提出核心素养这一概念，并要求根据实际情况和学生特点将其有效地融入到各学科的教学过程中。2016年9月，《中国学生发展核心素养》发布，将学生发展核心素养定义为："学生应具备的、能够适应终身发展和社会发展需要的必备品格和关键能力。"2022年4月，教育部结合道德与法治学科的特点及学生核心素养的要求，推出了《义务教育道德与法治课程标准（2022年版）》，提出五大核心素养，突出课程育人的价值，并指出作业是评价和测量学生核心素养发展状况的重要依据。落实道德与法治课程核心素养，不仅需要关注课堂教学，更需要关注作业设计。核心素养作为统摄"必备品格、关键能力和重要观念"的育人目标，是决定作业设计质量的重要标准，可以为初中《道德与法治》作业设计提供思想引领，而初中《道德与法治》作业设计也可以促进具体核心素养的培养。因此，在核心素养视角下研究初中《道德与法治》作业设计具有重

要的理论和实践意义。在此基础上，本研究以“核心素养”为导向，聚焦“初中《道德与法治》作业设计”的优化路径，主要从以下三个方面进行分析研究：1. 初中《道德与法治》作业设计现状如何？存在哪些问题？导致这些问题的成因是什么？2. 如何解决初中《道德与法治》作业设计中存在的问题？3. 应该如何开展初中《道德与法治》作业设计？

本研究通过系统地收集、阅读和梳理国内外关于“核心素养”“作业设计”以及“初中道德与法治作业设计”领域的相关研究成果，明确了本研究的研究意义、研究思路和研究方法。采用问卷调查与深度访谈相结合的实证研究方法，对当前初中《道德与法治》课程作业设计现状进行诊断性分析，揭示其中存在的问题，并为未来作业设计的改进提供实践指导。从作业理念、作业目标、作业内容、作业类型和作业评价等维度构建了问卷调查和访谈的分析框架，通过实证研究发现作业设计存在显著的“知识本位”倾向，具体表现为：教师作业理念偏重知识、作业目标比较简略、作业内容问题明显、作业类型相对单一、作业评价方式僵化。通过归因分析表明，教师相关理论认识比较浅显、部分教师作业设计能力不足、行政部门和学校方面支持少是主要制约因素。在核心素养视角下，本研究提出了初中《道德与法治》作业设计的策略，分别是：转变作业设计理念、细化作业目标设计、调整作业内容设计、增加作业类型设计和多元作业评价设计。同时，还展示了作业设计过程、作业设计案例、学生作业成果和作业设计反思。本研究进一步丰富了关于初中《道德与法治》学科核心素养与作业设计的相关研究成果，可以为一线教师开展作业设计提供理论依据和实践参考。

# 目　录

# 绪　论

## 第一节　研究背景

本章主要从政策导向、实践需求和现实状况三个方面介绍了研究背景。从政策层面来看，国家高度重视学生核心素养的发展以及作业在教育中的作用，相关政策不断强调作业的重要性及其对学生全面发展的影响；从实践层面来看，2022年发布的《道德与法治》课程标准对学生的作业设计和核心素养提出了更加明确且具有针对性的要求，为本研究的开展提供了重要的实践依据；从现实状况来说，作业本身在促进学生知识掌握和能力提升方面具有显著价值，但在实际操作中也暴露出诸多问题，这些问题亟须通过深入研究和系统分析进行有效解决。

### 一、政策导向：国家重视学生核心素养和作业

习近平总书记指出，培养什么人、怎样培养人、为谁培养人是教育的

根本问题，也是建设教育强国的核心课题。[①]信息化、数字化时代背景下，国家人才需求发生重大变化，核心素养作为个人发展的必备品格和关键能力，一直为我国教育改革所重视。1999年6月，中共中央、国务院作出《关于深化教育改革全面推进素质教育的决定》，提出“提高国民素质为根本宗旨”。2001年5月，《国务院关于基础教育改革与发展的决定》印发，明确指出“深化教育教学改革，扎实推进素质教育”。2001年6月，教育部印发《基础教育课程改革纲要（试行）》的通知，提出改革基础教育的课程体系、结构、内容，构建符合素质教育要求的新的基础教育课程体系[②]，第八次课程改革由此拉开了序幕。2014年3月，为了应对经济全球化、信息化等因素，教育部印发《关于全面深化课程改革 落实立德树人根本任务的意见》，第一次明确提出核心素养这一概念，同时，“教育部将组织研究提出各学段学生发展核心素养体系”。同年6月，教育部在文件中提出全面推进素质教育，学校也要结合实际情况和学生特点，在各学科中落实核心素养与学业质量的要求。[③]同时，党的政策还提出应根据核心素养体系，为各学段及各科目课程制定并完善相关标准，根据该标准对课程教材进行调整，构建一个有机且具有紧密联系的课程教材体系。[④]2016年9月，《中

① 高举中国特色社会主义伟大旗帜 为全面建设社会主义现代化国家而团结奋斗——在中国共产党第二十次全国代表大会上的报告［N］. 人民日报，2022-10-26（001）.

② 教育部. 基础教育课程改革纲要（试行）［EB/OL］.（2001-06-08）［2023-11-05］. https：//www.gov.cn/gongbao/content/2002/content_61386.htm.

③ 教育部. 关于全面深化改革 落实立德树人任务的意见［EB/OL］.（2014-04-08）［2023-11-05］. http：//www. moe. gov. cn/srcsite/A26/jcj_kcjcgh/201404/t20140408_167226.html.

④ 中共教育部党组，共青团中央. 关于在各级各类学校推动培育和践行社会主义核心价值观长效机制建设的意见［EB/OL］.（2014-11-03）［2023-11-05］. http：//www.moe.gov.cn/srcsite/A12/s7060/201410/t20141020_177847.html.

国学生发展核心素养》提出“人文底蕴、科学精神、学会学习、学会生活、责任担当、实践创新”[①]六大核心素养。在基础教育课程改革的历时性进程中，核心素养实现了制度化建构。从初步的概念界定到学科转化实施，以核心素养为轴心的课程理念已通过政策传导机制，系统性地融入到各学段、各学科的课程标准体系。这一政策演进在2022年迎来重要里程碑——教育部基于《中国教育现代化2035》战略规划，正式颁布实施《义务教育道德与法治课程标准（2022年版）》（下文简称“新课程标准”），标志着道德与法治学科正式进入核心素养导向的课程实施新阶段。关于道德与法治核心素养的探讨始于《义务教育课程标准（2011年版）》，其将思想品德课程定位于以学生生活实际为基础，与思想品德相联系以促进初中学生品德发展为根本目的的综合性课程，2022年版的新课程标准将其定位于“落实立德树人根本任务的关键课程”，道德与法治课程要培养政治认同、道德修养、法治观念、健全人格、责任意识五大核心素养。

一直以来，我国政府高度重视学生的作业问题。自《义务教育学校管理标准》首次将作业管理纳入制度框架以来，仅近5年间，教育部门就推出了一系列作业政策，通过分阶式作业时间规制，实现作业设计全学段的横向覆盖的制度体系。2018年12月，《义务教育学校管理标准》确立小学一、二年级零书面作业制度，建构三至六年级学生的家庭作业时长≤60分钟、初中生家庭作业时长≤90分钟的量化标准，并提出高中生的作业时间安排要合理的要求。[②]2021年“双减”政策进一步对学校作业管理提出了要求，将作业设计质量纳入学校督导评估指标体系，形成“时间控制—质

① 核心素养研究课题组．中国学生发展核心素养［J］．中国教育学刊，2016（10）：1-3.

② 教育部，等．关于印发中小学生减负措施的通知［EB/OL］．（2018-12-28）［2023-11-05］．http：//www.moe.gov.cn/srcsite/A06/s3321/201812/t20181229365360.html.

量提升”的双维治理范式。[1]2021年4月教育部办公厅印发《关于加强义务教育学校作业管理的通知》首次构建作业管理“负面清单”制度，通过五维度23项指标实现作业治理的制度规约。继而2021年9月《中共中央、国务院关于深化教育教学改革全面提高义务教育质量的意见》，将作业设计纳入教研体系制度化建设，提出“三维度”设计框架：基础性作业需满足年龄特征适配度、学习规律符合度以及素质教育导向度的量化标准。[2]2023年，作业管理进入“数字化转型”新阶段，国家中小学智慧教育平台通过知识图谱技术给一线教师提供具体的示范引导，推出了48册基础性作业，涵盖小学语文、小学数学和小学英语等8个学科的所有年级基础性作业。2023年5月，教育部颁布《基础教育课程教学改革深化行动方案》，指出各地各校用好教材这些基础性作业，引导教师提高作业设计水平，要鼓励设计探究性、实践性作业，探索跨学科作业等。同时，各地要对优质作业设计进行展示交流，加强作业设计的相关培训。[3]教育部发布的一系列文件和通知，实现对作业问题的有效干预，作业设计进入“核心素养”时代，推进了我国作业管理政策从制度建构到实践的转化。

## 二、实践需求：新课程标准提出了新要求

随着信息时代的快速发展，原有的道德与法治课程标准已经无法满足社会和教学的需要。2022年3月，教育部颁布了新的课程标准，明确指出

---

① 教育部办公厅关于加强义务教育学校作业管理的通知［J］. 中华人民共和国教育部公报，2021（6）：34-35.

② 中共中央办公厅、国务院办公厅印发《关于进一步减轻义务教育阶段学生作业负担和校外培训负担的意见》［J］. 中华人民共和国教育部公报，2021（10）：2-7.

③ 教育部办公厅关于印发《基础教育课程教学改革深化行动方案》的通知［J］. 中华人民共和国教育部公报，2023（5）：15-19.

课程的目的是实现立德树人，以及培育本学科的五个核心素养。这是对《道德与法治》学科的教育期望，也是对学生能力培养的要求。

在新课程标准出现前，近十几年来沿用的是《义务教育思想品德课程标准（2011年版）》。在这版课程标准中，并未提及核心素养，而是强调了学生在情感、态度和价值观，知识和能力以及过程与方法等方面的教学目标，其知识本位的课程标准已不能有效应对数字化时代对公民素养的要求。新课程标准指出学生应该养成五种核心素养，分别是政治认同、道德修养、法治观念、健全人格和责任意识。“核心素养是课程育人价值的集中体现，是学生通过课程学习逐步形成的正确价值观、必备品格和关键能力。”[①]仔细分析三维教学目标和五大核心素养，可以看出两者是一脉相承的。新课程标准在继承旧版课程标准的基础上，结合时代和社会发展的需要，对旧版课程标准的内容及含义进行了深化和升华，顺应时代变迁和社会发展的需要，更满足了学生个性化发展的需求。与此同时，新课程标准指出综合运用作业等方法，可以全面获取学生的核心素养发展相关状况。这给予了一线教师启示：通过作业能获取学生核心素养发展的真实情况，作业可以对课程价值实现与否进行检验，也可以作为实现课程价值的手段。[②]2022新课程标准的颁布预示着我国在《道德与法治》课程教学方面，即将迎来新一轮的改革浪潮。此次教育改革的核心目标无疑是培养学生的核心素养，而作业质量则是一个衡量和实现这一目标效果的重要指标。因此，在核心素养背景下进行初中《道德与法治》作业设计的研究，具有极其重要的现实意义。

---

① 教育部．义务教育道德与法治课程标准（2022年版）[S]．北京：北京师范大学出版社，2022：12.

② 徐广华．有效作业何以成为可能——义务教育新课标下的作业设计策略研究[J]．济南大学学报（社会科学版），2023，33（6）：144-152+178.

## 三、现实状况：作业本身价值与现存问题

在整个教育教学过程中，作业对学生知识掌握、能力培养和核心价值观的形成发挥着不可替代的作用，其重要性不容忽视。有不同的研究者指出，作业是课堂教学的进一步延伸与拓展，是学生落实课堂内容的载体，也是教师了解学生学习状况的关键途径。[①]除此以外，作业可以被视为课程和教学过程中不可或缺的一部分，在帮助学生构建生活的意义、增强他们的学习体验以及优化教师与学生之间的关系方面都显示出了积极的影响。[②]由此可见，发挥作业的正向功能意义重大。它不仅是评价学生的学习状况的尺度和记录他们的学习过程刻度，还是教师有效地了解学生学习质量的直观载体。它能超越时间和空间的束缚，增加课堂的容纳能力，为学生提供种类繁多的学习资源和应用情境，在一定程度上提升了“教”“学”过程的效度。通过完成作业，学生有了更多“学以致用”的机会，将学到的知识与实际生活相结合，从而提高运用所学知识来解决问题的能力、进行时间管理的能力以及批判性思维和创造力的形成等。作业作为一种重要的资源，在提高学生核心素养方面发挥着越来越大的作用。因此，作业本身蕴含着丰富的价值，这是进行相关研究的必要之处。

在“双减”政策实施前，学生的作业存在着很多问题。例如，有研究者提出，中学教育可以被视为应试教育的连续流程，学校和学生几乎把全部的精力都投入到考试中，各个学校、各个班级和每位学生的考试成绩都

---

① 廖北怀，凌杰．基于学生核心素养的初中数学作业设计策略［J］．中国教育学刊，2023（S2）：58–60.

② 罗生全，孟宪云．新时代中小学作业问题的再认识［J］．人民教育，2021（Z1）：15–18.

是按照从高或低的顺序排列。学生的考试成绩几乎变成了评价教育质量的唯一准则。[1]作业，作为教育教学活动中不可或缺的一部分，也不可避免地受到这种问题的影响，被大众视为提高成绩的一种手段。这明显是对作业功能的矮化。在这种思想下，作业问题为学生带来了压力和负担。虽然“双减”政策实施后，一定程度地缓解了作业数量给学生带来的压力，但仍然存在很多问题。例如，一项覆盖11个省的实证研究表明，在“双减”政策执行之后，尽管学生作业的现状有所改善，但仍然面临着作业数量有限和质量不高的问题，因此作业设计的质量有待进一步提升。[2]根据这一实证研究的结果，可以观察到学生的作业中依然存在一些问题，并且这些问题确实需要我们给予足够的重视。在核心素养视角下开展作业设计，不仅有利于培育学生的核心素养，更符合国家的大政方针和新课程标准要求，同时也有利于解决作业中存在的问题，充分发挥作业本身的价值。因此，从核心素养的角度出发，进行初中《道德与法治》作业设计的研究是非常必要的。

## 第二节　研究意义

为了适应新课程标准提出的新要求，并优化初中《道德与法治》作业设计，本研究对当前初中《道德与法治》作业设计的现状进行了深入研究，并基于此设计了具体的作业案例。这一研究不仅丰富了作业设计的理

① 吴忠民．世俗化与中国的现代化建设［J］．清华大学学报（哲学社会科学版），2020，35（2）：162-181+198.

② 祁占勇，余倩怡，张杰英．“双减”背景下学生作业负担缓解了吗——基于中国西部11省1786份的实证调查［J］．中国电化教育，2023（10）：73-81+88.

论体系，还为一线教师提供了一系列关于作业设计和核心素养培养的新思路和新视角。因此，在核心素养视角下开展初中《道德与法治》作业设计研究，既具有重要的理论价值，也具有深远的实践意义。

## 一、理论意义

第一，丰富和充实已有的作业设计研究。通过对现有文献的梳理与分析，本研究整理了作业设计领域的研究方向与研究基础，深入了解了作业设计的研究现状。相关文献表明，作业设计的研究大多集中在语文、数学等传统意义上的主要科目，且这些学科的作业设计研究已经形成了较为完善的理论体系。然而，被视为非主要学科的作业研究不太受到重视，尤其是初中《道德与法治》课程的作业设计领域，相关的理论与实践研究成果十分有限。因此，如何在该学科中开展具有实际意义的作业设计研究，已成为当前亟待解决的问题。从核心素养的角度出发，利用问卷调查和访谈的方式，收集了原始数据，并对初中《道德与法治》作业设计的现状进行了深入分析，旨在探讨当前作业设计中存在的问题及其成因，并提出针对性的优化策略。此外，本书还展示了作业设计流程、设计了具体的作业案例、展示了部分学生的作业成果和进行了作业反思。这些内容不仅丰富了作业设计领域的研究成果，也为未来相关研究提供了有价值的参考依据。

第二，丰富了初中《道德与法治》核心素养培育的研究路径。自从《道德与法治》课程核心素养概念提出以来，广大从事本学科教学的一线教师对其进行了热烈讨论，并在核心素养的培养方面进行了一系列富有成效的尝试。然而，当前的实践中，大多数教师往往只将课堂视为实施核心素养培养的主要场所，而忽视了作业在核心素养培育中的关键作用，以及作业对核心素养进行评估和量化方面的价值。因此，初中《道德与法治》

课程在核心素养培育过程中，不可避免地出现了一些亟待解决的问题。基于此，本研究立足于初中《道德与法治》课程核心素养培育的实际情况，在先进教育理论的指导下，深入探讨了作业设计中有效培养学生核心素养的策略。这不仅为从事一线道德和法治教育教学的教师开辟了一条新的途径来培养学生的核心素养，也有助于加速该学科核心素养在教育实践中的落地。

## 二、实践意义

本研究可以助力师生共同发展，优化教师的教学行为与学生的学习过程，更好地促进教师和学生的双向互动与提升。在初中《道德与法治》课程的作业设计中，教师作为作业设计的主体，学生作为作业的完成者，基于核心素养视角开展的作业设计，对教师和学生都具有重要的理论与实践价值，不仅为教师提供了有益的教学指导，也有助于满足学生个性化发展的需求。因此，作业设计的优化在提升教学质量与学生综合素养方面起到了至关重要的作用。

对于教师而言，当前在核心素养框架下进行《道德与法治》作业设计的研究尚处于起步阶段，现有研究成果较为有限，一线教师在实施作业设计时缺乏有力的参考依据。基于此，本书通过对该领域的探讨，旨在为初中《道德与法治》教师提供具体的作业设计建议和案例参考，帮助其规避作业设计中的常见误区，提高设计质量与效果。

对于学生而言，核心素养视角下的作业设计有助于更好地满足学生个性化发展的需求。通过设定适切的作业目标，作业内容不仅更加贴近学生的生活实际，且具有系统性、层次性和多样性。作业类型更加多样化，作业的评价方式也趋于综合化，这不仅能有效激发学生的学习兴趣，提升其

主动完成作业的积极性，还能促进学生的个性化成长。在作业难度和数量方面的合理规划，有助于减轻学生的学习负担，增加其对《道德与法治》课程的兴趣与投入。同时，这种作业设计方式有助于培养学生的学科思维与实践能力，最终推动学生的全面发展与个性化成长。

## 第三节　国内外研究综述

### 一、国外研究动态

#### （一）关于核心素养的研究

国外关于核心素养的研究主要集中在核心素养的内涵界定、核心素养的培育路径以及评价体系等方面。这些研究旨在深入探讨核心素养的多维度特征，分析其在不同教育体系中的具体表现和应用，并探讨如何通过有效的教育实践来促进核心素养的培养。同时，相关研究也关注如何通过科学的评价机制来监测与评估学生核心素养的提升，从而为教育改革和课程设计提供理论支持和实践指导。

首先是关于核心素养的内涵界定的相关论述。核心素养（Key Competencies）最早由经济合作与发展组织（OECD）提出。2005年，经济合作与发展组织（OECD）经过深入详细的研究和论证，从社会需求角度指出核心素养“不只是知识与技能，它是在特定情境中，通过利用和调动心理社会资源（包括技能和态度），以满足复杂需求的能力”[①]，“互动地使用工具、在社会异质群体中互动和自主行动”[②]。同年，欧盟发布的《知识经济时代的核心素养》报告中指出，核心素养是一系列知识、技能和态度的集合，它具有可迁移性和多功能性，是每个人实现自我发展、融入社会以及胜任工作的必要素养。[③]2012年，OECD对以前的观点进行了升华和凝练，从四个方面指出核心素养应该是：思维方式、生活技能、工作工具和工作方式。[④]1996年，联合国教科文组织将21世纪公民必备素养定义为学会求知、做事、共处以及生存。[⑤]随着时代的进步，联合国教科文组织对核心素养的理解也在不断深入。2003年，联合国教科文组织加入学会改变，与学会求知、学会做事、学会共处、学会生存共同作为21世纪公民终身学习和发展的五大核心素养。两年后，联合国教科文组织与经济合作与发展组织（OECD）联合出版了《发展教育的核心素养报告》，该报告明确指出，核心素养是个体实现理想生活和促进社会良性运作所必需的基本素

---

① OECD. The Definition and Selection of Key Competencies： Executive Summary ［EB/0L］.（2005-05-27）［20191-11］. http：//www.oecd.org/pisa/35070367.pdf.

② OECD. The definition and selection of key competencies：Executive summary. Retrieved from http：//www.oecd.org/pisa/35070367.pdf.

③ European Commiss1on. Proposal for a Recommendaton of the European Parliamerit and of the Council onKey Competences for ifelong Learning［EB/OL］.（2005-11-10）［2020-09-06］. https：//eurlex. europa. eu/legal-con70747460&uri-CELEX：520tent/EN/TXT/? qid=1599305PC0548.

④ OECD. Preparing teachers and developing school leaders for the 21st century［R/OL］.（2012-12-16）［2023-02-11］.http：//www.oecd-ilibrary.org/education/preparing-teachers-and-developing-school-leaders-for-the-21st-century_9789264174559-en.

⑤ Rychen D.S.，Tiana. Developing Key Competencies in Education：some lessons from international and national experience［J］. Unesco International Bureau of Education，2004（100）：35-80.

养。[①]这一研究成果为全球教育体系的改革与发展提供了理论支持，强调了核心素养在现代教育中的基础性地位。“美国21世纪学习联盟”制作了“21世纪技能框架”，在这一框架内，他们主张核心素养是由“生活与职业、学习与创新技能信息、媒介与技术技能”这几个方面组成的。[②]2013年，日本提出的“21世纪型能力”框架，在既有的国际“核心素养”基础之上提出了以“思考力”（解决问题力・发现力・创造力、逻辑思维・批判性思维的能力、元认知・适应力）为核心，“基础力”（包括语言力、数理力、信息力）和“实践力”（自律性活动的能力、人际关系形成的能力、社会参与力、对可持续的未来的责任）为其内层和外层的三层结构。[③]同时，也有很多学者提出了自己的看法。Joke Voogt（2012）收集了全球8个较为知名的核心素养作为研究对象，并进行了深入的比较和分析。他指出，“交往、协作、公民素养和信息通信技术素养”是研究对象普遍推崇的，而“创造性、批判性思维，问题解决和开发高质量产品的能力或生产性”则是大多数研究对象所推崇的。[④]Armin Wiek（2011）等人通过研究，认为核心素养可以界定为“系统思维能力、预测能力、规范能力、策略能力和人际交往能力”。[⑤]

其次是关于核心素养培育路径和评价体系的相关研究。外国学者认

① 刘义民．国外核心素养研究及启示［J］．天津师范大学学报（基础教育版），2016，17（02）：71.

② 高晓慧．国外关于核心素养的文献综述［J］．知识文库，2019（20）：7-8.

③ 森敏昭．21世纪学习的创造［M］．京都：北大路书房，2015：133.

④ VOOGT J，ROBLIN NP. A comparative analysis of international framework for 21st century competences：implications for national curriculum policies［J］. Journal of curriculum studies，2012，44（3）：299-321.

⑤ Wiek A.，Withycombe L. & Redman C. L.. Key Competencies in Sustainability：A Reference Framework for Academic Program Development［J］. Sustainability Science，2011，6（2）：203-218.

为，核心素养的持续发展需要结合可持续发展模型，注重学习环境的影响，并通过能力评价和监控模型对学生的表现进行测量和改进。同时，教育研究应审慎使用数据，以确保为教育政策提供切实有效的支持。例如，美国亚利桑那州立大学的Brundiers（2010）等人认为通过可持续发展模型可以促进核心素养的持续发展，模型可以分为“渐进型”和“功能型”。这是他们经过对一些实践活动考察之后才提出来的策略。[①]德国吕纳堡大学的Matthias（2007）等人强调“可持续发展”这一特征是定义核心素养的标准，其他的标准并不能准确地对其进行定义，核心素养并不意味着将所有能力都收纳进来。同时，他们也认为学习环境对发展核心素养的影响很大，必须得到重视。[②]Hector（2019）等人提出学生的能力表现成绩可以通过能力评价和监控模型测量。同时，他们认为这个模型可以改进课堂。因为这种分析可以识别课程缺陷和教师的纠正效果。[③]Singh（2021）等人为了社会科学研究人员在信息素养不同维度上的表现水平，开展了实证评价，使用描述性、推断性等多种统计技术，对收集的520名研究员的各方面数据，例如性别、年龄等因素进行了分析。[④]Hopfenbeck（2017）等人认

① Brundiers K., Wiek A. & Redman C. L.. Real-World Learning Opportunities in Sustainability: From Classroom into the Real World [J]. International Journal of Sustainability in Higher Education, 2010, 11 (11): 308-324.

② Barth M., Godemann J., Rieckmann M., et al. Developing Key Competencies for Sustainable Development in Higher Education [J]. International Journal of Sustainability in High Education, 2007, 8 (4): 416-430.

③ Hector Vargas, Ruben Heradio, Jesus Chacon, et al. Automated assessment and monitoring support for competency-based courses [J]. IEEE Access, 2019, 7 (1): 41043-41051.

④ Singh R.. D., Kumar S.. P.. Information literacy competency of researchers in social sciences: An assessment from diverse perspectives [J]. Library Philosophy and Practice, 2021: 5685.

为，通过对比PISA项目两个不同时期的同行评议文章，可以看出基于PISA数据集的研究在教育研究方面取得了进展，尤其指出如果使用这项研究为教育政策提供信息时，必须要谨慎。[①]

### （二）关于作业设计的研究

国外研究从作业设计目标、类型、内容和评价四个核心要素出发，提出作业设计应以学生为中心进行多维度、个性化设计，以促进学生全面发展。

其一，作业目标的设计。国外学者认为，作业不仅帮助学生独立思考，还应满足多方面的目标，同时要兼顾技术、组织需求和学生的社会与个人需求。例如，凯洛夫（1950）认为作业可以帮助学生应用已获得的知识而进行独立思维。[②]Epstein（2012）把作业的目标概括为十个主要方面，包括练习、预习、参与和个性发展等。[③]Rush（1971）从动机入手，阐述了作业设计是为了满足技术和组织的需要，以及满足工作人员的社会和个人需求。[④]虽然以上研究者并没有指出如何设计具体的作业目标，但已经隐含了作业目标的设计应该从哪些方面具体入手。

其二，作业类型的设计。国外学者认为，作业可以根据不同的教学目的和学生需求进行多维度分类，教师应根据学生的学习风格、技能需求以及学习过程来合理安排作业，以达到最佳学习效果。例如，美国作业专家

---

① Hopfenbeck TN，Lenkeit J，El Masri Y，et al. Lessons learned from PISA：a systematic review of peer-reviewed articles on the programme for international student assessment［J］. Scandinavian Journal of Educational Research，2017：1-21.

② 凯洛夫. 教育学上册［M］. 沈颖，等，译. 北京：人民教育出版社，1950：178.

③ 刘辉. 课后书面作业：来自国外研究者的解读——关于课后书面作业的研究综述［J］. 中小学管理，2012（03）：4-7.

④ Rush H F M. Job design for motivation［M］. New York：The Conference Board，1971：5.

Cooper（1989）以教学目的为标准，认为作业有预习型、复习型、扩展型和综合型。[①]Eileen Depka（2020）根据作业的目的来分类，作业可以被划分为总结性、引导性、形成性和诊断性四大类，除了明确每一类作业的目标外，还详细描述了如何合理地安排每一类作业的时间。[②]Heitzmann（2007）认为作业不仅有练习型、准备型和扩展型，还有培养创造性技能类型的作业，这种分类是教师基于学习的过程开展的，更注重学生的学习风格和技能需求。[③]

其三，作业内容的设计。国外学者认为，作业的数量和质量对学生的学业表现具有不同影响，作业设计应考虑学生需求和能力，在教师的指导与支持下进行，以提升作业效果。例如，Charlene（2016）与他的团队强调，通过采用更为科学和可信赖的研究方法，他们发现家庭作业时间与男性学生的学业成绩存在正向关联。[④]挪威的研究者Dolean Dacian Dorin（2022）等人开展了一项实验研究。在实验中，他们挑选了二年级的440个学生作为实验对象，得出：作业的数量对学生的写作能力有直接影响，并且非常显著。但是，作业的数量对学生的数学能力并没有影响。[⑤]Epstein

---

① Cooper H. Synthesis of Research On Homework［J］. Educational Leaderships，1989.47（3）：85-91.

② 艾琳·迪普卡. 聚焦家庭作业：改进时间、设计以及反馈的方法和技巧［M］. 南京：江苏凤凰科学技术出版社，2020：11-17.

③ Heitzmann R. Target HOMEWORK to Maximize Learning［J］. Education Digest，2007，72：40-43.

④ Charlene Marie Kalenkoski，Sabrina Wulff Pabilonia. Doeshigh school homework increase academic achievemet?［J］. Education Economics，2016，25（1）：45-59.

⑤ Dolean Dacian Dorin，Lervag Arne. Variations of Homework Amount Assigned in Elementary School Can Impact Academic Achievement［J］. The Journal of Experimental Education，2022，90（2）：280-296.

和Van Voorhis（2010）认为在设计作业内容时需要有一些关注重点，如学生的需求、学生的能力水平，还指出学生应该得到来自教师的作业指导和支持，这是非常必要的。[①]

其四，作业评价的设计。国外学者认为，作业评价应综合考虑学生对作业目标和任务的理解、作业质量及其对学习兴趣和成绩的影响，而教师的个性化、及时、鼓励性和明确的评价则能有效促进学生的学术成就和全面发展。例如，Yeshik（2011）等人认为作业评价要重视多种因素，才能获得更好更全面的结果，例如，学生关于作业目标和作业任务的理解、完成作业所用的时间、作业质量、作业对学生学习兴趣及学习成绩产生的影响等。[②]José（2017）等人认为教师的评价有助于提高学生的学术成就，这种认知建立在调查研究了五至十二年级的454名学生的基础上。同时，他们指出教师的评价不仅应当是个性化的、及时的，还应该是鼓励性的、明确的，只有这样才能有效最大限度促进学生的学习以及发展。[③]

## 二、国内研究

### （一）关于核心素养的研究

核心素养是一个舶来品。由于历史原因，与国外发达国家比较而言，国内关于核心素养的研究起步较晚，研究基础较为薄弱。然而，近年来随

---

① Joyce L. Epstein, Frances L. Van Voorhis. More Than Minutes: Teachers' Roles in Designing Homework [J]. Educational Psychologist, 2010, 36 (3): 181-193.

② Yeshika, Alversia. Doing quantitative research in education with SPSS [J]. Evaluation & Research in Education, 2011, 24 (4): 305-306.

③ José C Núñez, Joyce L Epstein, et al. How Do Student Prior Achievement and Homework Behaviors Relate to Perceived Parental Involvement in Homework [J]. Frontiers In Psychology. 2017, 8: 1217.

着社会的进步和经济的持续发展，除了国家规定性文件，各类研究人员加大了对核心素养的研究力度，还涌现了一批极具参考意义的研究成果。

以“核心素养”为关键词，通过CNKI的检索发现，从2014年提出后开始渐露头角，近十年来关于核心素养的研究正处于如火如荼的发展趋势（见图绪-1）。其中，中等教育研究文献数量高居总学科分布之首，占比55.36%，中等教育（92297篇）和初等教育（39260篇）的相关研究占据了总学科分布的78.91%。外国语言文字、教育理论与教育管理、计算机软件及计算机应用、高等教育、职业教育、体育、学前教育、音乐舞蹈、成人教育与特殊教育、中国语言文字、图书情报与数字图书馆、数学、医学教育与医学边缘学、出版、文艺理论、美术书法雕塑与摄影、旅游、贸易经济等类别占比小。从分布来看，中等教育占比超半数，其他学科占比低，整体集中度高。

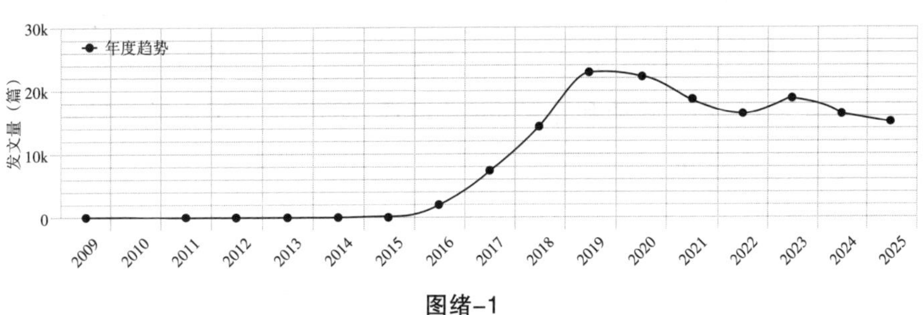


图绪-1

首先是关于核心素养内涵的相关研究。国内学者认为，核心素养是培养学生适应社会进步与信息技术需求的综合能力，涵盖知识、技能、态度等多个维度，旨在通过整合跨学科的知识和能力，帮助学生在复杂情境中灵活应对、解决问题，促进个人成长与社会融入。例如，袁振国（2015）持有的观点是，核心素养的目的在于满足社会进步和信息技术的需求，培

育学生的学习技巧、整合知识和解决问题的能力，以及将知识从工具转化为实用工具。[①]石鸥（2016）认为核心素养是每个人在发展和完善自我、融入社会以及胜任工作过程中所必需的基础性素养。它被视为适应个人成长和社会发展的必要品格和关键能力，同时也是个体应具备的、为其发展提供基础和支撑的素养。[②]钟启泉（2016）认为核心素养是学生能学习掌握的知识与在现实问题情境运用的能力，并指出这是一种统整的能力，包含社会技能、动机和人格特征等。同时，他认为这与人的职业能力和人生成就密切相关。[③]崔允漷（2016）认为核心素养是一个类概念，不是一个种概念。它的实质是从学习成果的视角来看，为未来社会进步定义了所需人才的明确形象。[④]张华（2016）认为核心素养由跨学科核心素养和学科核心素养所构成。它是学生适应信息时代和知识社会的需要，解决复杂问题和适应不可预测情境的能力和道德。[⑤]张良（2018）认为核心素养是一种高级能力，使用这种能力能满足复杂情景需要和有效解决问题。这种能力包含着反思性思维，能灵活调动心理社会资源。[⑥]沈晓敏（2022）等学者总结多位学者的共识，提出核心素养是从全部素养中精选出来的关键素养，一种包含知识、技能和态度的综合品质，能够灵活适应不同环境的变

---

① 袁振国．核心素养如何转化为学生素质［N］．光明日报，2015-12-08，第15版．

② 石鸥．核心素养的课程与教学价值［J］．华东师范大学学报（教育科学版），2016，34（01）：9-11．

③ 钟启泉．基于核心素养的课程发展：挑战与课题［J］．全球教育展望，2016，45（1）：3-25．

④ 崔允漷．追问“核心素养”［J］．全球教育展望，2016，45（5）：3-10+20．

⑤ 张华．核心素养与我国基础教育课程改革“再出发”［J］．华东师范大学学报（教育科学版），2016，34（1）：7-9．

⑥ 张良．热闹的“核心素养”与冷落的“素养”［J］．教育发展研究，2018，38（6）：3．

化，将知识与具体情境结合应对复杂的情境的高阶素养。[①]2016年9月13日，《中国学生发展核心素养》正式颁布，核心素养以围绕着培养“全面发展的人”这一核心要点，文化基础、自主发展、社会参与三个维度，人文底蕴、科学精神、学会学习、健康生活、责任担当、实践创新六大素养，具体细化为18个基本要点。[②]

其次是关于核心素养培育的相关研究。国内学者认为，通过课堂改革和作业设计，结合情境创设、综合性、实践性等要素，可以有效培育学生的核心素养。教师应从整体视角规划教学活动，注重生态学习的品质提升，确保作业设计与核心素养的形成和发展规律相契合。例如，李帆（2020）等人坚信通过课堂改革能够培养学生的核心素养，并将提高生态学习的品质作为改革的核心目标。他们强调了课堂改革的各种途径，如重塑网络的意义、重塑生态关系、重新定义情境活动和培养生长能力等。[③]赵德成（2023）认为可以通过好的作业设计培育核心素养，教师在设计作业时，除了情境创设和趣味性，综合性和实践性等也必须受到同等的重视。[④]李芳（2023）指出作业设计是培育核心素养的重要途径，在作业设计时，不能脱离核心素养的形成和发展规律，从整体视角规划课上与课下，还有课内与课外，改变以往的教学和作业设计。[⑤]

---

① 沈晓敏，赵孟仲，程力，等．道德与法治学科核心素养研究［M］．上海：华东师范大学出版社，2022：3.

② 核心素养研究课题组．中国学生发展核心素养［J］．中国教育学刊，2016（10）：1-3.

③ 李帆，张伟，杨斌．生态型学习质量：核心素养的课堂生成逻辑与实践路径［J］．课程·教材·教法，2020，40（10）：62-69.

④ 赵德成．什么样的作业是好作业：作业设计新理念［J］．课程·教材·教法，2023，43（6）：45-53.

⑤ 李芳．“双减”政策下学校教育提质增效的问题与突破［J］．云南师范大学学报（哲学社会科学版），2023，55（5）：139-148.

此外，关于核心素养评价的研究，国内学者提出通过课堂改革和作业设计，结合情境创设、综合性、实践性等要素，可以有效培育学生的核心素养。教师应从整体视角规划教学活动，注重生态学习的品质提升，确保作业设计与核心素养的形成和发展规律相契合。例如，雷浩（2020）等人在现有研究的基础上，为11个核心素养制定了评估的质量准则和内涵，并强调了在教育实践中需要特别关注的几个关键问题。他们还从学校课程设计的三个不同角度探讨了这些准则在实际教育环境中的应用。[①]颜士刚（2021）等人认为可以从评价目标和评价工具出发，描述评价目标时采用双向细目表，也要采用从学科知识、问题解决和学科思维的设计三层结构，评价工具设计要重视纸笔测试。[②]在徐广华（2023）看来，作业也是对核心素养评价的重要途径之一，因为学业质量标准具体描述了核心素养，学生在作业成果中表现出的核心素养，使学业质量的检测有了可视化的依据。[③]

### （二）关于作业设计的研究

国内的作业设计研究从目标、内容、类型、评价四个维度，做出相关论述：作业设计应以学生发展为本、以培育核心素养为目标，平衡作业质量与数量，兼顾整体性和多样化的层次与需求。

关于作业目标的设计研究，国内学者认为应具备整体性与个性化，紧密结合单元教学目标与核心素养目标，综合考虑学业评估标准、课堂目标以及学生差异，促进从知识目标到能力与素养目标的自然过渡，支持深度

---

① 雷浩，崔允漷．核心素养评价的质量标准：背景、内容与应用［J］．中国教育学刊，2020（3）：87-92.

② 颜士刚，关彩红，冯友梅．聚焦思维结构的核心素养评价设计——以信息技术课程为例［J］．现代远距离教育，2021（4）：59-65.

③ 徐广华．有效作业何以成为可能——义务教育新课标下的作业设计策略研究［J］．济南大学学报（社会科学版），2023，33（6）：144-152+178.

学习和学生的全面发展。例如，在王月芬（2021）看来，在设计作业目标时，需要确保其具有整体性、结构化和个性化的特点，并且要综合考虑课程目标、学业质量的评估标准、课堂教学目标的实现情况以及学生之间的个体差异等因素。[①]在张年丰（2022）看来，作业目标与单元教学目标密切相关，前者确定要服从于后者，让作业的设计与实施指向核心素养目标的培养，将作业设计纳入系统化、结构化的教学活动之中，只有这样才能更好地体现教学的整体性。[②]而朱丽萍（2022）提出了基于深度学习的作业设计，“力求从单元整体视角入手，深入研读文本与学情，将单元核心知识目标向能力目标、素养目标自然过渡进行整合，推进学生用语言做事的过程”[③]。

关于作业内容的设计研究，国内学者认为应在核心素养指导下，关注作业质量、数量的适切性，融入知识性、生活性、趣味性、实践性，并结合课程标准要求，设计出能够促进学生综合素养发展的真实、有价值的任务和场景。例如，在袁野（2022）等人看来，作业内容的设计既要关注作业的质量，也要实现作业数量的适切性，还需要体现作业内容的知识性与生活性，关注开放性，更要关注趣味性和实践性。[④]在韩志祥（2021）看来，作业内容设计必须在一定的指导下进行，这个指导就是核心素养。根据课程标准中的学业质量标准的要求，还需要围绕课程内容，才能设计出

① 王月芬．重构作业——课程视域下的单元作业［M］．北京：教育科学出版社，2021：140.

② 张年丰．指向核心素养的单元作业设计［J］．思想政治课教学，2022（2）：41-43.

③ 朱丽萍．高中思想政治课深度学习研究［M］．上海：上海教育出版社，2022：84.

④ 袁野，袁文，黄梅．整合理念下高质量作业设计的逻辑理路和实践进路［J］．基础教育，2022，19（6）：99-109.

真实的、具有价值的作业场景，在作业内容中需要设计出指向不同素养的任务。[①]

关于作业类型的设计研究，国内学者认为应具有多样性和层次性，结合素养培养目标、学科特色及多元智能理论，同时考虑课前、课中和课后的不同需求，确保学生能够根据自身情况进行选择与参与。例如，李文桥（2022）持有的观点是，作业的种类设计应当展现出丰富的多样性，包括分层作业、合作性的探究作业、议题导向的作业、实际参与的作业以及与主题相关的情境作业。[②]余昆仑（2021）持有的观点是，作业类型可以被划分为课前、课中和课后三种。[③]卢广伟（2023）认为作业类型的设计要多样化，要结合素养培养目标、学科的特色，还要结合多元智能学习理论，设计基础书面作业、拓展类作业、实践类作业等，体现不同作业类型和不同层次，学生能有选择。[④]

关于作业评价的设计研究，国内学者认为应以核心素养为导向，注重学生个人发展的全面评价，结合表达评价、过程评价和学习策略评价，强调多元协作和作业评价的综合作用，促进学生自主学习和全面成长。例如，罗生全（2021）等人主张，在设计作业评价体系时，应以核心素养作为导向，构建一个更为全面和平衡的评价机制。同时，还需要确立以学生个人发展为中心的评价观点，重视评价主体之间的多元协作，并最大限度

① 韩志祥．素养导向下的高中物理作业设计的模型构建［J］．物理教师，2021，42（2）：17-20.

② 李文桥．作业设计展特色 学生发展有路向［J］．中学政治教学参考，2022（30）：70-72.

③ 余昆仑．中小学作业设计与管理如何有效落实［J］．人民教育，2021（Z1）：34-36.

④ 卢广伟．以作业为“支点”撬动学校教育高质量发展——以北京景山学校学生作业多样化实践研究为例［J］．中国教育学刊，2023（S2）：7-10.

地发挥作业评价的综合作用。[①]刘辉（2020）等人认为作业评价的设计，要关注作业表达评价、过程评价、学习策略评价。作业表达评价从学生的语言和文字表达、表述内容、表述的严谨性与科学性入手，作业过程评价从学生作业时长、作业方式和作业反思入手，学习策略评价更关注学生自主地选择完成作业的策略。[②]

关于作业设计中存在问题和策略的研究，国内学者认为应以学生核心素养为导向，注重知识拓展、跨学科整合和团队协作，强调自主选择与灵活性，结合多主体协同和教育数字化赋能，完善评价机制，促进学生全面发展和教师专业成长。例如，王梦倩（2023）等人认为在作业设计中存在两个问题：一是知识拓展、知识整合和团队协作特征缺位匹配，二是作业设计的自主选择特征错位失配。[③]在李芳（2023）看来，作业设计与核心素养脱节、缺少学科思维、缺乏跨学科整合能力、以传统主科为主等，指出可以加强“多主体协同、全领域治理”、教师专业成长机制以学生核心素养为导向、完善凸显学生发展性的评价机制、健全教育智能运行机制等。[④]李小娟（2023）等人认为作业设计中存在以下问题，知识与素养脱节、行动逻辑尚未明晰、服务模型缺乏弹性，并从素养导向、理念框架、调配策略和技术赋能等方面阐述了作业设计的行动逻辑，设计了教育数字

---

① 罗生全，孟宪云．新时代中小学作业问题的再认识［J］．人民教育，2021（Z1）：15-18.

② 刘辉，李德显．理解作业：知识分类视角下作业的审思与启示［J］．当代教育科学，2020（5）：25-29.

③ 王梦倩，王陆．教师作业设计改进：应然性与实然性互动的视角［J］．中国电化教育，2023（4）：91-98.

④ 李芳．“双减”政策下学校教育提质增效的问题与突破［J］．云南师范大学学报（哲学社会科学版），2023，55（5）：139-148.

化赋能的作业设计的服务模型。[①]

### （三）初中《道德与法治》核心素养与作业设计

初中《道德与法治》核心素养的研究。2022年，新课程标准中指出学生应该养成五种核心素养，分别是政治认同、道德修养、法治观念、健全人格和责任意识。之后，有关初中道德与法治核心素养的研究陆续出现。武燕（2024）指出，当前核心素养评价体系的落实存在若干困境，主要表现在过度依赖单一的成绩评价方式、定性评价缺乏灵活性以及片面追求课堂表面热闹的形式化现象。她认为为了有效解决这些问题，应构建一个注重生活情境、多元一体的目标体系，实现对学生核心素养的多维度评估与综合培养。[②]陈良彬（2023）等学者强调，为了有效培养学生在道德与法治领域的核心素养，必须科学地设定教学目标，构建真实的教学情境，整合各类教育资源综合提升核心素养。同时，在课堂教学中应贯彻“教学合一”的理念，以激发学生的自主学习动机，促进其核心素养的全面发展。[③]李秀妮（2023）等学者认为，初中道德与法治课程的目标发展历程，从最初的“双基”到“三维”，再到如今的“核心素养”导向，要求教师深入理解并准确把握《道德与法治》课程的核心素养内涵，通过构建“一体四维”课堂，强理论、重实践、拓眼界、促发展，在教育实践中全方位培育学生核心素养。[④]陈俊（2023）基于“政治认同”核心素养的培养，

---

① 李小娟，刘清堂，王云豪，等．教育数字化赋能差异化作业设计的行动逻辑和服务模型［J］．电化教育研究，2023，44（8）：96-102.

② 武燕．初中道德与法治素养评价困境探因与路径优化［J］．中学政治教学参考，2024（3）：69-71.

③ 陈良彬，向运红．发挥初中道德与法治教学引领功能培养学生核心素养［J］．中国教育学刊，2023（12）：102.

④ 李秀妮，孙燕杰．落实立德树人的“一核四维”课堂建设［J］．中学政治教学参考，2023（22）：27-30.

提出应树立课程自信，立足较高的政治站位，并对学生的学习过程形成深刻的感性认知。与此同时，教学应注重培养学生的理性思维与独立思维，以促进其全面发展和对政治认同的深层次理解。[①]王亚兰（2023）从“责任意识”作为核心素养的培养角度出发，提出在教育实践中应构建“三线合一”的教育线索：首先，基于生活情境的情境线，以确保教育内容与学生实际生活紧密相关；其次，聚焦学习主体的学科中心线，强调学生主体性在学习过程中的重要地位；最后，以培养学生全面素养为目标的育人线，旨在提升学生的社会责任感与社会参与能力，从而增强其担当精神。这一综合教育模式有助于全面提升学生的社会适应性与综合素养。[②]

核心素养视角下开展初中《道德与法治》作业设计的研究。余汉清（2021）等学者认为，《道德与法治》课程具有实践性，要回归现实生活设置有效作业，使得学生深入理解与感悟理性知识，形成辩证思维能力，进一步深化核心素养。[③]李文桥（2022）探讨了作业设计与学生核心素养之间的密切关系，认为在作业设计中应充分体现多样化的作业内容和类型，同时注重德育实践的融合。并进一步强调，教师应积极自主探索作业设计的创新路径，并注重跨学科的渗透与整合，实现学生多元与个性、深远与悟性、独立与创造性、全面可持续的均衡发展，从而有效促进学生核心素养的培育与发展。[④]宋小娇（2023）提出，通过操作性转化设计初中《道

① 陈俊．围绕“一核四翼” 引领政治认同［J］．中学政治教学参考，2023（10）：9-11.

② 王亚兰．以“三线合一”之力培育责任意识［J］．中学政治教学参考，2023（42）：52-53.

③ 余汉清，徐红．核心素养视野下道德与法治课智能生成课堂［M］．成都：四川大学出版社，2021：48.

④ 李文桥．作业设计展特色 学生发展有路向［J］．中学政治教学参考，2022（30）：70-72.

德与法治》作业，提升学生核心素养的策略，具体包括：将单元知识进行素养化，设计预备性作业；通过行为表现的层次化设计，制定练习性作业；并通过多样化的学科情境设计，构建扩展性作业。这一设计框架旨在讲深、讲透、讲活的高质量作业，全面促进学生核心素养的提升。[①]陈倩倩（2021）所持观点是，在作业设计过程中，根据学生个体差异合理选择作业内容，能够有效满足不同层次学生需求，从而可以更好地激发学生的主观能动性。此外，通过扩展作业场所，充分利用和开发家庭、社区等外部教育资源，以多样化的形式连接起课堂学习与生活实践，在丰富学习体验的同时提升自我发展。她还指出，多样化的作业形式能够激发学生的学习兴趣，提升学生的独立思考能力和创新能力，而多元化的评价机制则能够强化作业评价的功能，提升评价的综合性和针对性，从而促进学生的自我提高和自我完善。[②]郑乐安（2022）基于核心素养的多维度框架，并结合学生个体需求，提出了作业目标设计的五种类型。具体而言，通过调适型作业的设计，比如对话交流类作业、情境体验类作业和观看感悟类作业，培养学生的“健全人格”；内省型作业则聚焦于学生个体需求，通过观察分享类作业、思维碰撞类作业、德育实践类作业，促进学生的道德内省力；信念型作业的设置，通过案例分析、情景模拟、实地观摩，增强学生的“法治观念”；担当型作业通过探究学习、社会调查、公益参与，培养学生的“责任意识”；而行动型作业则通过议题研讨、热点聚焦、访谈建议，加强学生的“政治认同”。这一设计框架不仅体现了对学生个性化需求的重视，也有助于激发学生的自主创新性，为全面提升学生的核心素

---

① 宋小娇．指向学业质量标准的初中道德与法治作业设计［J］．思想政治课教学，2023（5）：80-82.

② 陈倩倩．四个转向：作业优化的策略思考［J］．中学政治教学参考，2021（2）：14-15.

养奠定基础。[①]白雪峰（2022）等人指出，作业设计可以增强初中生的核心素养。他认为，作业设计的主要目标应当兼顾知识的传授与学生的成长，强调知识传递与能力培养并重。作业内容应注重提高设计的有效性，确保其与教育目标的契合性，通过具有层次性的设计形式提升学生的学习兴趣、降低学生的压力。作业的种类应具备趣味性与连贯性，以学科知识融合调动学生的主动性以及解决实践问题的能力，促进其综合能力的发展。此外，优化作业设计的主体也非常重要，多元化作业设计可以满足不同学生的个性化需求，激发学生在参与作业设计中的创造力，从而提升作业设计的质量。[②]

国内外关于核心素养的研究涉及领域广泛，研究主体包括国家或国际机构的相关研究成果，也涵盖了个人学者的独立研究。总体而言，所有研究者普遍关注“核心素养”在个体能力发展方面的重要性，尤其是关注个人当前的成长。同时也注重其未来生活质量的提升。一部分学者不仅关注核心素养对个体成长的促进作用，同时也高度重视其在社会中的功能与意义。在核心素养评价的研究领域，部分学者针对核心素养国际大规模评价项目进行了研究，诸如欧盟、经合组织开展的核心素养培育状况项目；同时，也有研究致力于核心素养评价工具的开发，既包括定量评价，也涵盖了计算机模型评价。国外的研究更多侧重于课程对学生核心素养的影响，较少涉及作业与学生核心素养之间的关系。然而，国外在核心素养评估理念上的探索与实践对我们具有重要参考价值。国内的相关研究逐渐开始聚焦于作业在核心素养培养中的作用，尤其是作业设计对学生核心素养发展

① 郑乐安．“双减”背景下创新作业设计［J］．思想政治课教学，2022（4）：37-41.

② 白雪峰，张立坤．何以优化初中道德与法治课作业设计［J］．中学政治教学参考，2022（35）：78-80.

的影响，为本研究的进一步展开提供了有力的研究依据。

国内外关于作业设计的研究主要聚焦于作业目标、类型、内容和评价四个方面。在作业目标的设计研究中，既强调作业在促进学生学习方面的作用，也关注作业对学生综合素质、个性发展等其他方面的影响。作业类型的设计呈现出多样化和多层次趋势，既有以教学目的为依据的设计标准，也存在依据学生的完成方式为依据的设计标准。在作业内容设计方面，研究强调紧密结合学生的实际生活，注重作业内容与学生能力的匹配，此外，还考虑作业时间、作业难度以及家长参与等因素。在作业评价的设计领域，研究更为关注评价主体的多元化及评价内容的多维性。部分学者对作业设计中存在的问题及相应的改进策略进行了深入探讨，这为本研究提供了重要的理论借鉴和参考价值。

国外中学并未开设《道德与法治》课程，因此本书主要关注国内相关研究。在国内关于核心素养与《道德与法治》课程的研究中，既有将五个核心素养视为一个整体，探析如何通过课堂教学促进五个核心素养协同发展的研究，也有从某个单一核心素养培育视角开展的专题研究。其中，围绕“政治认同”和“法治观念”核心素养的研究最多，而关于“道德修养”“健全人格”以及“责任意识”的相关文献并不多见。无论是对核心素养的整体研究，还是单一研究，都强调教学内容应贴近学生的现实生活，这为本书在作业内容设计上的思考提供了重要的启示。需要指出的是，只有少数研究者将研究付诸实践，整体上相关作业设计的实施性研究较为有限，因此，其作业设计的说服力仍有待加强。然而，这些研究成果仍然为本研究提供了宝贵的参考和借鉴。

# 第四节 研究思路与研究方法

## 一、研究思路

本研究首先通过知网数据库对相关文献进行了系统检索，并进一步通过政府官方网站收集了与初中《道德与法治》课程、核心素养及作业设计相关的政策文献，以便全面了解和掌握该领域的研究现状。其次，在分析现有研究成果的基础上，依据新课程标准对作业设计的要求，设计了针对学生的调查问卷和教师的访谈提纲，并通过问卷发放与教师访谈收集了第一手数据。接着，经过对收集数据进行有效性筛选，剔除无效数据后，进行了统计分析，以便深入了解当前一线初中《道德与法治》教师在作业设计方面的基本状况，并识别出其中存在的主要问题。随后，本研究通过对调查结果的深入分析，探讨了作业设计中存在问题的根源，并在此基础上提出了相应的改进策略。最后，结合具体的案例分析，验证了所提出策略的可行性，并展示了部分学生作业成果。研究最后进行了作业设计的反思，总结了其中的优势与不足，为未来作业设计的改进提供了有益的参考。

## 二、研究方法

### （一）文献研究法

本研究系统收集了国内外关于核心素养、作业设计以及核心素养与初

中《道德与法治》作业设计相关的文献，进行了综合梳理与对比分析。通过对已有研究实践和经验成果的总结，明确了国内外在此领域的研究现状及发展趋势，以及研究中的不足之处。这些文献为本研究提供了坚实的理论基础，也为探索更多初中《道德与法治》作业设计的创新路径提供了宝贵的参考和思路。

**（二）问卷调查法**

借助于实习与见习的机会，本研究首先通过对所在初中学校《道德与法治》作业设计的实际情况进行观察，基于此编制了学生调查问卷，并在小范围内进行了预测量，依据学生的反馈信息对问卷进行了调整优化。随后，研究扩展至其他开展作业设计活动的学校，对学生进行了大规模问卷调查。通过分析问卷结果，本研究比较真实地反映了当前初中《道德与法治》作业设计中存在的问题，并为后续的研究提供了实证依据。

**（三）访谈法**

首先，基于问卷调查的结果分析和对个别教师开展了访谈，根据教师的反馈意见，重新编制了教师访谈大纲。接着，对其他有过作业设计经验的学校中的初中《道德与法治》教师进行了深入访谈。通过此次访谈，深入了解了初中《道德与法治》作业设计和执行的当前状况，以及一线教师对作业设计的观点，揭示了作业设计中的关键问题，并为本研究问题的解决提供了具体的建议。这对于总结初中《道德与法治》作业设计中存在的问题具有很高的参考价值。

**（四）案例分析法**

为进一步验证作业设计优化策略的可行性并测试设计理论的有效性，本研究收集了教师日常作业设计案例，并对其进行了详细分析。此外，研究选取了七年级《道德与法治》上册第三单元第二课作为案例，指出了作业设计的具体流程，展示了课前、课中和课后作业设计的案例，并分享了部分学生的作业成果。根据本次作业设计中出现的实际情况和一线教师的反馈意见，对整个作业设计流程进行了反思，并提出了改进意见和实施策略。

# 第一章　核心素养视角下初中《道德与法治》作业设计相关概述

本章对中国学生核心素养和《道德与法治》课程核心素养的具体内涵进行了阐释，对本研究中的关键概念——“作业设计”和“初中《道德与法治》作业设计”等进行了界定，分析探索作业设计的理论基础，重点阐述了作业设计的概念框架与实施路径，探讨了初中《道德与法治》作业设计在培养学生核心素养中的价值意蕴，为进一步研究提供了理论支持。

## 第一节　核心概念

本节将重点阐述与初中《道德与法治》相关的两个核心概念，即“初中《道德与法治》核心素养”与“初中《道德与法治》作业设计”。在此基础上，进一步分析这两个概念之间的内在联系，探讨核心素养的培养如何影响作业设计的有效性，并为相关教学实践提供理论依据。

### 一、核心素养

“素养”通常指个体在特定情境中具有的修养和综合品质。它并非先天具备，而是在后天的学习、实践和锻炼过程中逐步养成的，包括道德、品质、知识、能力等方面的综合体现。关于素养这一概念，余文森指出，“知识、能力一般只停留在人的认知领域，而素养是进入人的整个生命并融为一体，素养涵盖了除知识、能力之外的其他非常广泛的内容”[①]。杨向东认为，“素养是个体在面对复杂的、不确定的现实生活情境时，能够综合运用特定学习方式下所孕育出的（跨）学科观念、思维模式和探究技能，结构化的（跨）学科知识和技能，世界观、人生观和价值观在内的动力系统，分析情境、提出问题、解决问题、交流结果过程中表现出来的综合性品质。这里的素养不仅仅是思维，还包括价值观念、方法、道德品质、责任心、人际互动，等等”[②]。关于素养的培育，肖娜等人提出，关键在于引导学生关注现实世界中的真实现象和问题，建立书本知识与现实生活之间的联系。通过对真实情境问题的持续深入探究，学生能够自主建构认知体系，从而实现对相关问题的深度理解与迁移运用，这有助于他们获取适应未来发展所需的素养与能力。[③]

“核心素养”实际上是对党的教育政策的具体阐释和展现，“核心素养是培养自我实现与促进社会和谐发展的高素质国民与世界公民的基础”[④]，它在理论教育与实践教学之间架起了一座桥梁，旨在指导教育实践的方向和内容。核心素养不仅解答了关于“应该树立何种道德、培养何种人才”的疑问，还为教育改革与发展提供了明确的目标和路径。

---

① 余文森．核心素养导向的课堂教学［M］．上海：上海教育出版社，2017：10.

② 杨向东．基于核心素养的基础教育课程标准研制［J］．全球教育展望，2017（10）：34-48.

③ 肖娜，蒲一萍．知意能三位一体：初中道德与法治大单元教学［J］．教育科学论坛，2025（05）：14.

④ 余汉清，徐红．核心素养视野下道德与法治课智能生成课堂［M］．成都：四川大学出版社，2021：32.

2014年，教育部在《关于全面深化课程改革 落实立德树人根本任务的意见》中正式提出“核心素养”的概念。2016年9月，《中国学生发展核心素养》框架发布，人们常说的“核心素养”，指的就是“中国学生发展核心素养”。这一概念界定为“学生应具备的、适应终身发展和社会需求的基本品格与关键能力”[①]。围绕着培养“全面发展的人”这一核心任务，核心素养可划分为三个主要维度：文化基础、自主发展与社会参与，涵盖了18个具体的构成要素[②]（见图1-1）。需要特别指出的是，构成“中国学生核心素养”的18个基本要点并不是彼此割裂、相互独立的，而是相互关联、相互促进、相互补充的整体。尽管各个学科都有其独特的核心素养，但这些素养都被“中国学生发展核心素养”所涵盖。每个学科所要求的核心素养正是“中国学生发展核心素养”在这一学科的具化。如果将“中国学生发展核心素养”比作一棵大树，那么各学科的核心素养则可以视为该树的枝叶，作为其发展与实践的具体表现形式。

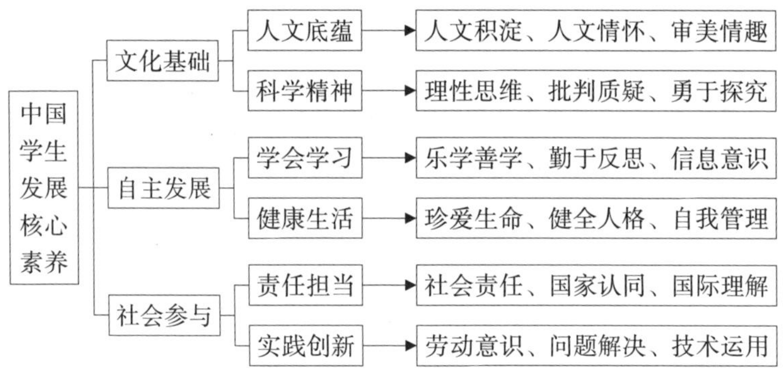


**图1-1 中国学生发展核心素养**

① 全面深化课程改革 落实立德树人根本任务［N］. 中国教育报，2014-06-23（008）.

② 核心素养研究课题组. 中国学生发展核心素养［J］. 中国教育学刊，2016，37（10）：1-3.

2022年，《义务教育道德与法治课程标准（2022年版）》“聚焦中国学生发展核心素养，培养学生适应未来发展的正确价值观、必备品格和关键能力”，明确指出，《道德与法治》课程培养的核心素养包括：政治认同、道德修养、法治观念、健全人格、责任意识。这五大核心素养，在小学阶段和初中阶段的《道德与法治》课程中均适用（见图1–2）。[①]

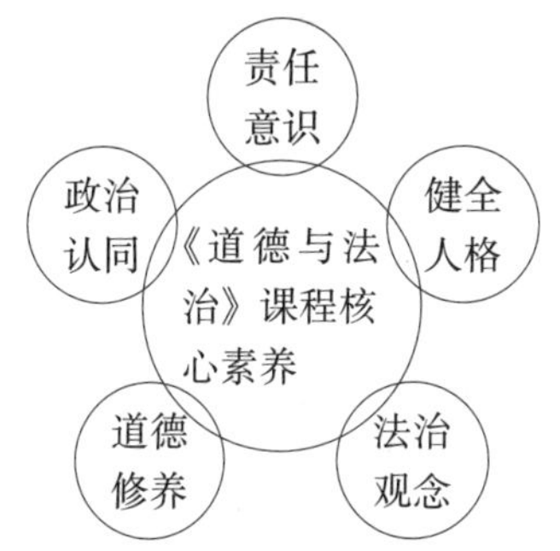


**图1–2　《道德与法治》课程核心素养**

五个核心素养并不是相互独立的，它们之间存在着紧密的联系。它们相互依赖，相互影响，彼此之间在逻辑上相互依存，在内容上相互融合，共同构成一个有机整体。有研究者进一步指出了五个核心素养之间的内在关系。“将五个核心素养视为一个有机整体，它们逻辑上相互依存，内容上相互交融。”[②]同时，也正如新课程标准所明确指出的：社会主义建设者和接班人必须具备的思想前提是“政治认同”，立身成人之本是“道德修养”，行为指引是“法治观念”，身心健康的表现是“健全人格”，担当民族复兴大任时代新人的内在要求是“责任意识”。在具体教学实践中，教

① 教育部．义务教育道德与法治课程标准（2022年版）[S]．北京：北京师范大学出版社，2022：12.

② 杨伟东．初中道德与法治核心素养的衔接思维与关系模型建构［J］．中学政治教学参考，2022（34）：9–12.

**表 1–1　道德与法治课程核心素养内容**

| 核心素养 | 具体内容 |
|---|---|
| 政治认同 | 指具备热爱伟大祖国、中华民族、中华文化、中国共产党、中国特色社会主义的情感，以及为中华民族伟大复兴而奋斗的志向，能够自觉践行和弘扬社会主义核心价值观。主要表现为政治方向、价值取向和家国情怀。 |
| 道德修养 | 指养成良好的道德品质和行为习惯，把道德规范内化于心、外化于行。主要表现为个人品德、家庭美德、社会公德和职业道德。 |
| 法治观念 | 指树立宪法法律至上、法律面前人人平等、权利义务相统一的理念，使尊法学法守法用法成为人们的共同追求和自觉行为。主要表现为宪法法律至上、法律面前人人平等、权利义务相统一、守法用法意识和行为、生命安全意识和自我保护能力。 |
| 健全人格 | 指具备正确的自我认知、积极的思想品质和健康的生活态度。主要表现为自尊自信、理性和平、积极向上和友爱互助， |
| 责任意识 | 指具备承担责任的认知、态度和情感，并能转化为实际行动。主要表现为主人翁意识、担当精神和有序参与。 |

师应以促进学生的发展为根本，根据不同年级学生的认知特点和实际需求，结合教学内容，合理选择教学策略，以达到培养学生核心素养的目的。[①]通过这种有针对性的教学方式，初中《道德与法治》教师能够更有效地促进学生的全面发展，提升其核心素养及综合素质，从而最终实现教育的根本目标。

## 二、作业设计

目前，针对“作业设计”一词，学界尚未形成一个明确、清晰且权威

① 教育部．义务教育道德与法治课程标准（2022年版）[S]．北京：北京师范大学出版社，2022：12.

的定义。因此，本研究将这一概念进行了系统的拆分、解释和分析。具体而言，“作业设计”一词，既包含“作业”，又包含“设计”。因此，要准确把握“作业设计”的内涵，必须详细分析作业、设计以及前人关于作业设计的相关认知成果。

《学记》有言，“时教必有正业，退息必有居学”。“作业”普遍被认为是与学习有关的活动。当代教育家顾明远在《教育大辞典》中将作业分为课堂作业和课外作业，“课堂作业是教师在上课时布置学生当堂进行操练的各种类型练习”[①]。与此同时，“课外作业是根据教师要求，学生在课外时间独立进行的学习活动”[②]。在西方教育中，作业有几种称谓，例如Homework、Assignment、Project等。Homework、Assignment可以泛指所有作业，但前者更为正式。Project通常被认为是小组作业或者项目作业。从内涵来看，中西方教育的作业都涉及了课前、课中和课后。结合已有文献，本研究将作业定义为：“作业是教师根据课程标准、教材知识和学生特点，开展的以学生为主体的学习活动。从作业完成时间的顺序，可以分为课前作业、课中作业和课后作业。从学生的活动来看，可以分为书面类作业和操作类作业。”

对于教师而言，作业不仅是评估学生知识掌握水平的重要途径，而且是引领教学改进方面指向标。通过作业，教师能够及时发现教学中的薄弱环节，并据此进行调整与优化。同时，作业能够有效突破课堂教学和课本内容的空间局限，为教学活动拓展更为广阔的实践平台。对于学生而言，作业具有巩固已有知识查漏补缺的作用。通过作业的完成，学生能够加深对所学内容的理解与掌握，进而培养其深度学习能力与合作探究能力。作

① 顾明远主编．教育大辞典［M］．上海：上海教育出版社，1998：2147.

② 顾明远主编．教育大辞典［M］．上海：上海教育出版社，1998：2149.

业在这一过程中不仅有助于知识的内化，更促进了知识的外化与实践，具有显著的教育价值。

“设计”通常认为是设计者通过各种方法和手段将构想转化为现实的必要过程。根据《现代汉语词典》的定义，设计是“在正式做某项工作之前，依据一定的目的和要求，预先制定方法、图样等”[①]，也就是人们常说的方案或者规划。设计的一般流程可以概括为两个主要步骤：首先，明确设计的依据，并深入理解设计要达成的目标；其次，基于对目标的理解，制定具体方案并细化实施细节。在教育教学过程中，教师通常是设计活动的主要参与者和执行者。常见的教育教学设计活动包括教学设计和作业设计等。在教育教学活动开始之前开展设计，不仅有助于增强教育教学活动的针对性，还会促进教育教学目标的实现和提高教育教学效率。

目前，关于“作业设计”的研究尚处于初步阶段，仅有少量研究者对“作业设计”进行了阐释。部分研究者认为，作业设计是“对作业的各个要素进行合理安排并优化整合的过程，该过程需要渗透设计理念，并通过一定的技术手段完成”[②]。另有研究者提出，作业设计是“基于课程标准与具体学习内容，在一定理念下，教师为了更好地实现学习目标、促进学生发展，结合学生的知识水平与心理发展水平，对任务及活动的内容、形式等方面进行的系统化规划”[③]。在已有研究的基础上，结合初中《道德与法治》课程的强烈政治导向性、实践导向性及综合性等特质。本书将作业设计定义为：“教师为了促进学生的多方面发展，根据核心素养要求，

---

① 中国社会科学院语言研究所词典编辑室．现代汉语词典（第七版）［M］．北京：商务印书馆，2016，1153.

② 谢瑞清．高中思想政治课实践性作业设计存在的问题及对策研究［D］．武汉：华中师范大学，2023.

③ 王月芬，张新宇．透析作业：基于3000份数据的研究［M］．上海：华东师范大学出版社，2014：151.

在正确的作业理念指导下，结合具体学习内容与学生的实际情况，设计作业目标、内容、类型和评价的过程。”

## 三、核心素养与作业设计的关系

随着社会的不断发展和进步，广大人民群众对于高质量教育的需求不断攀升，与此同时，人们对高品质作业的期望也日益增强。这对教师的作业设计提出了新的、更高的要求。因此，开展核心素养视角下的初中《道德与法治》作业设计具有重要的学术与实践意义。首先，这一研究回应了国家对学生作业质量及核心素养的政策要求，贯彻落实了新课程标准中提出的新要求；其次，它有助于解决当前作业实践中存在的问题，并挖掘作业蕴含的潜在价值。核心素养与初中《道德与法治》作业设计之间存在着密切的相互作用关系。具体而言，作业不仅是实现学习任务和培养学生核心素养的重要途径，而且是评估和测量学生核心素养发展水平的关键依据。同时，核心素养的培养为初中《道德与法治》作业设计提供了理论框架和思想指导，而作业设计的优化又能有效促进核心素养的实际发展。

核心素养为作业设计提供了重要的理论指导和实践框架。一方面，核心素养可以指导作业设计，为作业设计提供思想引领，初中《道德与法治》教师在进行作业设计时，必须要深刻领会核心素养要求，牢牢抓住核心素养的价值内涵，更新自身作业理念。教师应将核心素养贯穿作业设计的各个环节，将其作为作业设计的出发点也是落脚点。作业目标、内容、类型、评价等方面的设计，都要紧紧围绕核心素养发展需求展开具体实践。第一，核心素养为作业目标设计提供明确指引。根据核心素养要求设计作业目标维度，既可以考查重要知识，也可以培养关键能力和必备品格，还能培养学生的综合能力、运用知识解决问题的能力等，帮助学生在

一定课时范围内逐步形成有梯度、有逻辑的深度认知，培养其高阶思维能力，促进核心素养的发展。例如，在九年级上册第二课第二框“创新永无止境”的作业设计中，要详细分析五个核心素养在本课的分布，并将其融入在作业目标中。例如设置目标“健全人格：学生能增强创新意识，将个人梦想与国家梦想相结合”。第二，核心素养为作业内容和作业类型的设置提供了方向。在作业内容设计上，应根据核心素养的要求，注重贴近学生的真实生活与实际需求，强调社会实践的价值。例如，九年级上册第三课第三框“参与民主生活”的核心素养更倾向于培养学生的“政治认同”和“责任意识”，内容设计应紧密结合学生的日常生活，而作业类型则应注重实践性，如要求学生为即将召开的本地人民代表大会撰写提案。第三，核心素养为作业评价提供了科学依据。对作业进行评价时，从五大核心素养角度出发制定具体的评价标准，以全面评估学生在核心素养方面的掌握和发展情况。通过这种评价方式，教师能够更准确地把握学生核心素养的实际水平，并为后续的教学设计提供有力的反馈和依据。

另一方面，作业设计可以培育具体的核心素养。为了有效地培养学生的核心素养，我们需要通过特定的情境设置与任务设计，将核心素养融入到作业设计中。通过设计具有实践性和针对性的任务，学生不仅能够在完成作业的过程中培养这些核心素养，同时也能够激发学生利用这些核心素养解决现实问题的能力。[①]因此，核心素养可以通过作业目标、内容、类型和评价等关键要素来培养。作业目标设计必须明确指向核心素养的培养，确保作业始终围绕核心素养，从而推动学生素养的系统提升。作业评价设计，根据核心素养的相关标准，对学生核心素养的培育状况进行衡量

① 赵德成．什么样的作业是好作业：作业设计新理念［J］．课程·教材·教法，2023，43（6）：45-53.

和评价，进而为教育实践提供科学的反馈，最终指向核心素养的提升。不同的作业内容和作业类型，可以培养不同的核心素养。例如，通过用包含丰富的时政材料、中国共产党、中国特色社会主义道路、社会主义核心价值观、学生家庭和家乡等内容的作业培育学生的政治认同，设计如“我为家乡代言”之类的作业活动，学生可以通过视频、写作、拍照片、表演小节目等完成；其次，作业内容和任务类型的设计能够进一步细化核心素养的培养目标。以道德修养为例，通过设计包含个人道德模范、模范家庭、有关社会公德的实事材料和具有职业道德的任务及事件可以使学生在具体情境中培养和深化道德素养。而通过设计包含宪法的条文和典型案例、公民具体的合法权益和法定的义务、民法典、未成年人和日常生活、生命安全有关法律案件和法律法规的作业内容将法治知识引入作业任务，例如设计“收集三条关于未成年人的法律”这一作业，能够有效提升学生的法治观念。对于健全人格的培养，作业设计可以通过引导学生认识自我、珍爱生命、调节心理素质等主题，如“写一封给自己的小短信”，帮助学生提高心理素质，形成积极的自我认知。最后，作业设计也应当注重责任意识的培养。例如，设计涉及集体、社会及国家安全的任务，如“学生收集并实施垃圾分类”的活动，能够激发学生的社会责任感，增强其集体主义意识。通过这些作业设计的精细化安排，教师能够促进学生在知识、能力、品格等多维度核心素养的全面发展。

## 第二节 理论基础

多元智能理论、情境认知理论和教育目标分类理论为本研究提供了有力的理论支撑。因此，必须对这些理论进行详细阐释和深入分析，以便更

好地理解其在本研究中的应用及其对研究问题的指导意义。

## 一、多元智能理论

“智能”一直被大众密切关注。美国心理学家霍华德·加德纳在大量实验与案例观察的基础上，剖析人脑在教育中的作用，并以此为基础提出了多元智能理论。加德纳认为，人的智能并不属于某种能力，而是由8种主要智能所构成的集合，即：言语语言智能、数理逻辑智能、视觉空间智能、音乐节奏智能、身体运动智能、人际交往智能、自我认知智能以及自然观察智能。[①]同时，加德纳进一步指出：每个人都可以在不同程度上同时拥有这些能力，并且这些智能之间通常以多元方式共同起作用，8种智能在人身上的不同组合，使每个人的智力都有独特的表现方式。因而，“判断一个人的智能，要看这个人解决问题的能力，以及自然合理环境下的创造力”。多元智力的理论为传统的智力一元化观点提供了新的解读视角，这对教育教学实践具有深远的指导作用。

在设计初中《道德与法治》作业时，教师对学生的发展要采用积极乐观的态度，要充分认识到每位学生都有自己独特的思维方式和潜能，学生的智力发展具有多样性，没有绝对的聪明与愚笨之分；要因材施教，从多个角度观察、发现学生的潜能，根据学生的个体差异和不同需求制定个性化的学习任务，从而实现学生的个性化发展和潜能的最大化；此外，教师还应树立多元化的人才观和成才观念，鼓励学生发展多个领域的技能和兴趣，并为学生提供多样化的发展途径。当前社会对人才的需求日趋多样化，传统的单一人才模型已经不再适应新时代的发展要求。每位学生各拥

① 霍华德·加德纳. 多元智能［M］. 北京：新华出版社，1999：5-16.

有独特的智力优势和潜能，因此，成才的道路应当是多样化的。在此背景下，根据不同的智力类型来设计差异化的作业显得尤为重要。具体而言，针对言语语言智能的学生，教师可设计辩论、写作和信息整理类作业；针对数理逻辑智能的学生，应加入比较、计算、测量、推理等任务，以培养其逻辑思维能力；对于视觉空间智能的学生，则可以设计结构图、思维导图和概念图等作业，帮助他们提升空间思维能力；对于具备音乐节奏智能的学生，可以通过唱歌、读韵律诗等类型的作业，来激发其音乐兴趣和能力；对于身体运动智能较强的学生，应设计角色扮演、实地考察或制作作品等类型的作业，以发展其运动协调性；在人际交往智能方面，教师应设计小组合作、访谈交流等互动任务，以增强学生的人际沟通能力；对于具有自我认识智力的学生，教师应鼓励其进行反思、自我评估及感想等类型的作业，帮助其提高自我认知水平；最后，针对自然观察智能的学生，教师可设计观察现象、做实验及种植等类型的作业，以培养其对自然世界的感知与理解能力。通过这种基于多元智能理论的作业设计，能够有效促进学生在各个方面的发展，最终实现个性化教育的目标。

## 二、情境认知理论

新课程标准提出要设置情境性的作业，“作业是学习评价的重要手段，作业内容要结合学生生活，创新作业方式，采用开放性、情境性、体验式等形式多样、难度适宜、数量适当的作业”。核心素养的培育需要通过真实的生活情境，学生只有在情境中才能提高知识的理解和运用能力，知行合一，进而提高学习结果。正如崔允漷所指出的，“指向核心素养的学习

是深度学习，学习内容是蕴含意义的任务，即真实情境的问题解决”[①]。王礼新等人也认为，问题情境被视为执行学科任务、运用学科内容以及展示学科核心素养的条件和平台。学科任务是将内在的核心素养水平外显的媒介，设计问题情境主要是为了引导学科任务的完成。[②]这与情境认知理论提倡的观点不谋而合。

情境认知理论20世纪70年代在建构主义思想的影响下逐渐成形。该理论认为，学习的本质是个体在特定情境中获取知识并进行建构的过程。“认知总是情境化的。它总是通过某种方式或其他方式被具体实例化（instantiated）。不存在脱离现实的认知成果。”[③]人类的认知活动依赖于其在实际情境中的信息处理，只有有效地利用情境中的信息，个体才能成功地掌握空间思维、形成概念，并解决实际问题。[④]从知识观来看，知识由人创造，来自人与情境的交互活动，而人又生活在社会情境中，因此知识具有情境性。正如瓦雷拉所言，“我们认识到的知识或经验，既不是简单地反映外在事物的属性，也不是主观臆造的，而是通过人的身体与世界相互作用而产生的……认知必须在特定情境中展开，这个情境是人的身体、心智与世界相互作用的广阔天地”[⑤]。也正是因为知识是由人创造的，人会随着实践活动不断对世界产生新的理解，因此知识也在不断地产生和发展，

---

① 崔允漷．指向学科核心素养的教学即让学科教育“回家”［J］．基础教育课程，2019（2）：5-9.

② 王礼新，刘媛，李岚，徐宝贵．高考命题改革下，思想政治教学中的关键问题［M］．北京：中国青年出版社，2020：27.

③ Thagard P. Philosophy of psychology and cognitive science［M］．Amsterdam：Elsvier，2007：413.

④ 玛格丽特·马特林．认知心理学：理论、研究和应用［M］．北京：机械工业出版社，2016：116.

⑤ 魏屹东，等．认知、模型与表征：一种基于认知哲学的探讨［M］．北京：科学出版社，2016：240.

具有情境性和动态性。知识的产生是一个复杂的过程，包含了学习者对真理的质疑、对知识的渴求、学习和运用，以及在学习和实践过程中对知识的理解和建构。新课程标准要求“注重案例教学，选择、设计和运用个人和社会生活中的典型案例，鼓励学生探究、讨论，提高学生的价值辨析能力”。因此，知识不仅是逐步形成的，也是不断发展的。从学习观来看，个体可以通过参与群体活动和社会实践分享知识、获得知识、产生新的知识。新课程标准指出，“注重设计带有团队合作性质的、项目任务性质的作业，以掌握学生的学业达成情况，及时评价、反馈、指导学生学习”。

学习是对实践活动理解参与的过程，是意义协商的过程，还是自我身份的构建过程，更是共同体的建构与更新过程。真实的学习，需要在真实情境中完成真实的任务，真实情境与学生生活经验有关，体现学生情感和价值取向，真实任务则提供了明确的标准与目标，促使学习者在实践中实现认知和能力的提升。

情境认知理论为初中《道德与法治》作业设计提供了重要的理论支持与实践指导。在进行作业设计时，首先，要更新传统的作业设计理念，明确作业的目的是培养学生应对真实生活的能力。其次，应当将真实生活的元素融入到作业内容中，通过情境的呈现使知识得以具体化，从而实现学科知识与生活实践知识的有效融合，增强作业的驱动性，提高学生的实践能力。学生的生活是多维度的，既包括社会生活，也涵盖学校生活和家庭生活。因此，教师可以从学生这几个方面的生活汲取生活元素，为作业设计提供多元化的支持，以引导学生思考并形成解决实际问题的策略。最后，选择合适的实施路径至关重要。在此过程中，可以借助真实的社会生活情境，如组织参观博物馆、革命圣地或历史遗址；可以针对真实生活进行思考，解决现实问题，如给相关部门写建议信以解决相关问题、给学校部门写信解决学校的实际问题；同时，还可以通过仿真社会生活情境，例

如，展示有关友谊的烦心事，让学生思考解决问题的办法。真实的社会情境尤为适合作为实践作业，仿真的社会生活情境更适合用于考试和书面的设计。通过这种多样化的作业设计方式，不仅能够提升学生的综合能力，还能够增强其在真实世界中的应变能力和社会责任感。但同时，基于情境认知理论的作业设计，也对教师的专业能力和实践经验提出了更高要求，“教师在创设情境时要善于根据任务目标的不同有效地识别情境中的细枝末节和关键事实，从而恰当地对知识和情境进行结构化处理”[①]。

## 三、教育目标分类理论

继布卢姆的台阶式线性逐级上升的“知识、理解、应用、分析、评价、创造”教育目标分类，和安德森对此进行修正基础上提出“记忆、理解、应用、分析、综合、评价”二维目标分类框架，马扎诺以人的行为模式理论为基础，提出了教育目标分类理论（如图1-3）。马扎诺认为，“人的学习过程，或思维过程包括三个主要系统：自我系统、元认知系统、认知系统，外加‘知识’这一因素。学生在面对具体学习任务的时候，首先由自我系统来判断任务的意义并决定投入程度，也就是动机问题；在解决了动机问题并决定投入学习之后，学习者会根据已经建立起来的元认知系统决定学习的目标、策略等；最后运用认知系统中存储的具体认知技能去经历认知过程并完成学习任务。以上三个方面均基于学习者已有的知识（包括信息、心理程序、心理动作程序三个领域）。三个系统与知识领域不断相互作用，进而获得相应的学习结果，如获取新知识、提高学习动机、

① 孙霞，陈险峰．基于核心素养的高中思想政治教学关键问题解析［M］．北京：高等教育出版社，2023：120.

更新元认知体系，等等”[①]。

在该理论中，包含两个维度，一是知识维度。知识维度由信息领域、智力程序领域和心理意向领域组成。二是过程运作维度，由回顾、理解、分析、知识运用、元认知系统和自我系统组成，前四个水平是属于认知系统，第五个水平属于元认知系统，第六个水平属于自我系统。

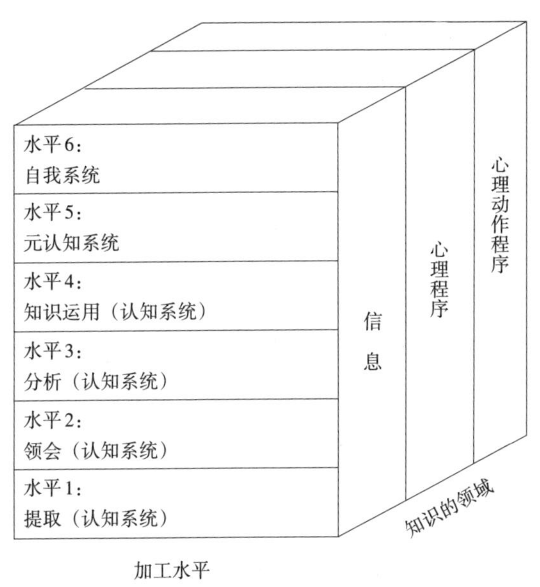


**图1-3　马扎诺新教育目标分类体系**

马扎诺的教育目标分类理论，提出了一系列有助于作业设计优化的关键要素，为初中《道德与法治》作业设计提供了诸多重要的理论指导。一是设计作业时要关注学生的学习过程。尤其是在任务执行中的认知与元认知调控作用。具体而言，在学习过程中，自我系统会对是否接受新任务进行判断。元认知系统会先决定学习行为的目标方式、策略，监控新任务，

① 马扎诺，等．教育目标的新分类学（第2版）[M]．商凌飚，等，译．北京：教育科学出版社，2012：8.

以确保学习活动的顺利进行。认知系统通过提取、领会、分析等思维过程完成新任务。[①]因此，在设计作业时，教育者应当注重激发学生的学习动机，通过任务的难度设置和情境创设，激励学生积极参与学习，从而促使他们在学习过程中展现出更高的学习效率和思维深度。二是作业内容的设计需要充分考虑学生对学习内容的熟悉程度，这一因素直接影响学生完成任务时的感知难度。简而言之，即使是非常复杂的学习内容，若学生已经具备了一定的认知基础和经验背景，他们通常会感受到任务的易操作性；反之，即使是较为简单的学习内容，在学生缺乏相应的知识积累和理解的情况下，也可能产生较高的学习难度。因此，作业设计者在设计内容时应当根据学生的实际认知水平、学习经验及预备知识，灵活调控任务的复杂性和挑战性，以帮助学生更好地掌握知识并完成任务。三是作业目标设计必须具备清晰明确考查目标和水平层次，每项作业任务应当明确其在核心素养培养中的作用。具体而言，什么样的内容能培养哪一项核心素养，什么样的标准能判断学生这一项核心素养的水平，并为该素养的水平评定提供切实可行的标准。通过这样的明确目标设定，作业评价才能具备科学性和实践意义，推动作业设计向标准化和科学化的方向发展，进而有效地促进学生在《道德与法治》课程中的综合素养提升。四是作业目标设计应当与课本教学内容中的重点和难点紧密结合，帮助学生回顾与巩固所学的知识。在此基础上，作业不仅能够帮助学生加深对知识的理解，还能够提升他们的知识分析和实际运用能力。通过注重知识的纵向联系与横向运用，作业能够有效地培养学生的高阶思维能力，尤其是在分析能力、创新能力和综合创造能力等方面的提升。随着这些能力的不断增强，学生的综合素

① 广东省教育研究院. 从布鲁姆到马扎诺——教育目标理论的演进［EB/OL］.（2013-03-01）［2023-11-08］. https：//gdae.gdedu.gov.cn/gdjyyjy/yjcgb/202008/2db6aaa9e7844403aa7b2957d46f865b.shtml.

质将得到进一步的拓展与发展，从而为他们未来的学术学习及社会实践奠定坚实的基础。

总之，依据马扎诺的教育目标分类理论设计初中《道德与法治》作业，不仅能够科学地促进学生的知识掌握，还能够在提高学生核心素养、激发学习动机、提升思维深度和创新能力等方面发挥重要作用。这种理论指导下的作业设计方式，有助于在教育实践中实现教育目标的科学化、标准化和个性化，最终为学生的全面发展提供更加坚实的支持。

## 第三节　价值意蕴

在当前教育改革背景下，开展核心素养视角下初中《道德与法治》作业设计的研究，具有重要的学术意义和实践价值。对学生、教师和课程而言，各有其重要价值。因此，本节从实现教育的根本任务、促进学生的全面发展、提升教师的教学质量等维度，深入阐述核心素养导向的作业设计在教育中的价值意蕴。这一研究不仅为教育实践提供了理论依据，也为未来相关领域的教育改革提供了建设性的指导。

### 一、有助于实现教育的根本任务

党的二十大报告指出："教育是国之大计、党之大计。培养什么人、怎样培养人、为谁培养人是教育的根本问题，育人的根本在于立德。"[①]在

① 习近平. 高举中国特色社会主义伟大旗帜 为全面建设社会主义现代化国家而团结奋斗：在中国共产党第二十次全国代表大会上的报告［N］. 人民日报，2022-10-17（002）.

教育领域，“如何培育合适的人才”成为首要且至关重要的议题。我们必须站在历史和时代发展全局的高度，深刻认识育人为本，德育为先的重要性。立德树人，乃是教育领域的基础使命。“这一根本目标的明确，不仅指明了教育发展的路向，而且代表了教育发展的追求，是教育强国建设的目标所指和行动所向。”[①]在这一目标指引之下，各个学科都聚焦核心素养，培育各科课程标准要求的核心素养已经成为当前的主流。“思想政治理论课是落实立德树人根本任务的关键课程。”[②]就道德与法治课程而言，为了实现教育根本任务，新课程标准提出了本学科要培养的是，不仅具有政治认同和责任意识，还具有道德修养、法治观念和健全人格的学生。

作业是评价和测量学生核心素养的重要方式，也是培育学生核心素养的重要途径之一。实际上，作业可以被视为是教育根本任务的微观下沉，具有促进学生发展的功能，是落实立德树人根本任务的重要途径之一。传统的初中《道德与法治》作业，更关注对学生成绩的提升，而忽略了这一根本任务。在设计作业时，只要教师始终铭记“立德树人”的核心使命，并始终关心学生的成长和发展，并有意识地创造实际情境，增强题目的实用性、综合性、探究性和开放性，那么作业的教育功能就能得到更好的体现，从而推动学校的教育和教学水平不断提高。相较于传统作业设计，在核心素养视角下开展的作业设计，内容强调更贴近学生的真实生活且更具有连贯性，类型强调更具有多样性，评价强调多种评价方式和多元评价主体。同时，作业内容和作业难度也更加科学合理，更具有适切性，更符合学生的发展特点。因此，核心素养下开展的作业设计更有利于育人功效，

---

① 张铭凯，靳玉乐．教育强国建设的价值遵循、基本路径与动力机制［J］．西北师大学报（社会科学版），2024，61（2）：57-64．

② 习近平．用新时代中国特色社会主义思想铸魂育人 贯彻党的教育方针落实立德树人根本任务［N］．人民日报，2019-03-19（001）．

实现立德树人的根本教育任务。

## 二、有益于促进学生的全面发展

在核心素养视角下开展初中《道德与法治》作业设计，对促进学生全面发展十分重要。新课程标准指出，“要综合运用观察、访谈、作业、纸质测试等方法全面获取和掌握学生核心素养发展的相关信息”[①]。这启示我们，作业是掌握学生核心素养发展的重要渠道之一。通过学生的作业完成情况，教师可以抓住学生核心素养培养的薄弱之处，以便后续开展具有针对性的课堂教学和作业设计，防止“木桶效应”的发生，促进学生全面发展。作业作为一种重要的学习工具，为学生提供丰富的学习资源。由于课堂教学的内容和形式受到教学时间、空间等因素的制约，往往无法为学生提供足够的学习资源，而作业则恰恰为这一问题提供了有效的解决方案。作业设计的灵活性和多样性使得教师能够创造不同的学习情境，并通过设置多样化的作业形式，激发学生参与实践性、探究性和合作性学习活动的兴趣，从而促进其多维度能力的发展。例如，教师通过制定分层作业，能够根据学生的个体差异和需求，提供有针对性的学习任务，这不仅有助于满足学生的不同学习需求，还能促进其个性化成长和认知能力的提升，尤其是在培养学生高阶思维能力方面起到积极作用。

同时，在完成作业的过程中，学生也需要运用多方面的能力。既需要运用所学知识解决作业题目，也需要进行自我管理、合理分配作业时间和监控作业进度等。尤其是在完成课前作业和课后作业的过程中，没有教师

---

① 教育部. 义务教育道德与法治课程标准（2022年版）[S]. 北京：北京师范大学出版社，2022：58.

和家长监督，学生必须全神贯注、独立自主完成作业。在此过程中，自我监控和自我管理能力得到了全面发展。[①]因此，学生可以在此过程中养成良好的学习习惯和学习品质。此外，在核心素养视角下开展的初中《道德与法治》作业设计，可以为学生提供准确、客观的评价。有一项基于中国西部11个省的实证调查指出，作业评价会直接影响学生的学习动机、学习兴趣和自我效能感。[②]基于核心素养开展的多元化的作业评价，能挖掘学生的潜力，提高其学习成就感，持续维持其学习动机。因此，作业除了有助于巩固课堂知识与技能的基础功能之外，还发挥着育人的作用，为学生全面发展提供有力的支持。

### 三、有利于提升教师的教学质量

作业是“提升教学质量必不可少的教学手段之一，合理布置课后作业对于提升课堂教学效果具有重要意义”[③]。通过对学生作业结果的分析，教师可以有效判断学生核心素养的培养状况，也可以检验已实施的教学方法的运用是否达到了预期成效和教学目标。作业结果不仅具备诊断和改进学生学习状态的功能，还为教师的教学实践提供反馈，促进教学方法的优化与调整。此外，作业结果具有自我诊断与改进的作用，能够反馈作业设计的合理性与效果。通过对学生作业中常见错误的分析，教师可以在后续教学中针对性地进行知识回顾，重点强化薄弱环节，并将相关内容重新纳

① 王学男，赵江山．“双减”背景下作业设计的多维视野和优化策略［J］．天津师范大学学报（社会科学版），2022（2）：38-44．

② 祁占勇，余倩怡，张杰英．“双减”背景下学生作业负担缓解了吗——基于中国西部11省1786份的实证调查［J］．中国电化教育，2023（10）：73-81+88．

③ 杨志明，王清华，黄斌，等．矩阵式过程评价中的事实认定与价值判断——以数学学科为例［J］．浙江考试，2024（1）：17-22．

入后续的新一轮作业设计中。随着对学生学习情况的深入了解，教师能够根据学生的实际能力和学习需求调整作业设计，从而实现个性化的教学支持。在具体操作过程中，教师需根据学生的反馈和学习动态不断调整作业任务，不仅能够提升作业设计技能，还能够加深对不同教学策略的理解与应用。与此同时，教师应分析学生的学习状况、学习特点及其实际能力，进而设计具有针对性的作业任务，指导学生在学习过程中不断成长。这一系列举措有助于不断提高教师的教学质量和教育效果。

教学质量的高低不仅受作业设计的影响，还与教师的教学能力息息相关。作业设计作为教学实践的一项核心活动，不仅是学生学习成果的评估工具，也是教师提升自身教学能力的重要途径。在这一过程中，教师所获得的能力提升涵盖了知识掌握能力和实践操作能力两个方面。从知识掌握能力来看，教师通过参与作业设计，能够深入理解作业设计的相关科学理论，进而加深对教育学、心理学及学科文化知识的掌握。这种知识的积累和深化有助于教师在教学过程中更加透彻地理解教材内容及课程体系，进而形成一个系统化的理论知识框架，提升其专业素养。从实际操作能力来看，通过实施作业设计，教师可以更好地理解作业的核心价值，理清作业设计与核心素养之间的逻辑关系，增强在作业设计规划和效能评估指导方面的能力，并通过实际操作将这三个方面紧密结合。[①]这都会反作用于课堂教学，增强教师对课堂教学的学情理解和知识逻辑把握，契合新课程标准对教学质量提升的要求，从而促进教师教学质量的整体提高。

---

① 罗生全，陈卓，张熙．基于增值评价的学生作业设计价值向度及优化策略[J]．中国教育科学（中英文），2022，5（4）：83-93.

# 第二章　核心素养视角下初中《道德与法治》作业设计现状调查分析

2022版新课程标准对核心素养与作业设计的阐述，唤起了教师群体对这两者的重视。为深入了解当前《道德与法治》学科作业设计的现状，本章从学生与教师两个主体出发，通过问卷调查与访谈相结合的研究方法，力图获取最为真实的第一手数据。这一研究方法的选用，旨在全面呈现作业设计实施过程中的各项实际问题及其对教学效果的影响，为后续的分析与改进提供可靠的实证依据。

## 第一节　调查设计

为了实现调查的目标，本次研究精心选定了研究对象，确保其具有代表性和研究价值，并选择了适合的研究方法，以便获取准确且可靠的数据。随之，本书对调查的具体内容进行了详细规划，确保整个调查过程严谨科学，进而有效支持研究目标的实现。

## 一、调查目的

本次调查的主要目的是深入了解初中《道德与法治》学科作业设计的现状，通过对相关问题进行识别与分析，为后续研究点明探索。

## 二、调查对象

本研究的调查对象选自河南省3所普通中学，这些学校均已开展过相关的作业设计活动。调查对象包括453名初中生与8名道德与法治学科的教师，旨在通过多元化的参与群体获取全面的数据，以保证研究结果的广泛代表性与有效性。

在学生调查对象中，男生人数为232人，占总体样本的51.21%。女生人数为221人，占总体样本的48.79%。具体见表2-1。由此可见，调查样本在性别分布上保持了较为均衡的比例。

**表2-1　学生性别**

| 性别 | 人数 | 百分比 |
|---|---|---|
| 男 | 232人 | 51.21% |
| 女 | 221人 | 48.79% |

在被调查的学生样本中，七年级学生共有148人，占总体样本的32.67%；八年级学生共有146人，占总体样本的32.23%；九年级学生共有159人，占总体样本的35.10%。具体见表2-2。由此可见，各年级的样本分布较为均衡，且九年级学生的比例略高于其他年级。

表2-2 学生年级

| 年级 | 人数 | 百分比 |
| --- | --- | --- |
| 七年级 | 148人 | 32.67% |
| 八年级 | 146人 | 32.23% |
| 九年级 | 159人 | 35.10% |

根据上述数据，可以看出，本次研究所选样本的年级分布较为均衡。从学生成绩的分布情况来看，初中《道德与法治》课程的满分为70分，本次调查在期中考试后进行，满分亦为70分。其中成绩在30分以下的学生占总体样本的4.13%；成绩在30分到40分之间的学生占总体样本的8.83%；成绩在40分到50分之间的学生占总体样本的42.60%；成绩在50分到60分之间的学生有139人，占总体样本的30.68%；成绩在60分到70分之间的学生占总体样本的13.69%。具体见表2-3。从上述数据可见，参与本次调查设计的学生成绩水平属于中等偏上。

表2-3 学生成绩

| 成绩 | 30分下 | 30到40分 | 40到50分 | 50到60分 | 60到70分 |
| --- | --- | --- | --- | --- | --- |
| 人数 | 19人 | 40人 | 193人 | 139人 | 62人 |
| 百分比 | 4.13% | 8.83% | 42.60% | 30.68% | 13.69% |

在以教师为访谈对象的样本中，从性别构成来看，有3位男性、5位女性；从学历层次来看，有2位研究生学历的教师、5位本科学历的教师、1位专科学历的教师；从教龄上来看，教龄五年及以上的教师为5位，教龄五年以下的教师为3位。具体见表2-4。

表2-4　教师情况

| | 性别 | 学历 | 教龄 |
|---|---|---|---|
| A | 男 | 专科 | 10年 |
| B | 女 | 本科 | 8年 |
| C | 男 | 本科 | 8年 |
| D | 女 | 研究生 | 3年 |
| E | 女 | 研究生 | 1年 |
| F | 女 | 本科 | 3年 |
| G | 男 | 本科 | 5年 |
| H | 女 | 本科 | 6年 |

因此可以看出，本次调查样本在学生性别、年级分布上较为均衡，且学生的成绩水平呈现中等偏上的趋势。同时，教师的学历、年龄与性别分布具有较好的代表性。因此，本研究样本的选择具有可靠性。

## 三、调查方法

本研究在3所学校中，每个年级选择了一个班级，并随机发放了共计460份问卷。所有问卷均已成功回收，回收率达到100%。除了7份无效问卷外，还有453份有效问卷，使得问卷的有效率高达98.48%。同时，本研究还邀请了8名一线初中《道德与法治》教师进行了深入访谈，以进一步丰富研究数据和分析深度。

在问卷发放和进行访谈过程中，本研究特别强调采取不记名、不记班级的方式，以确保参与者能够自由、真实地表达个人意见，从而保证调查结果的真实性和可信度。此外，研究还收集了学生的实际作业以及教师的

作业设计案例，这些数据为问卷调查和访谈结果提供了有力的补充，进一步丰富了研究的实证材料。

### 四、调查内容

在广泛参考相关理论并查阅大量文献的基础上，本研究编制了学生调查问卷（见附录A）和教师访谈提纲（见附录B）。问卷设计涵盖三个主要维度：学生的基本情况、作业设计现状及作业设计与核心素养的关系。具体而言，学生基本情况维度主要收集学生的性别、年级及最近一次期中考试成绩等信息。在作业设计方面，重点从学生对作业的认知、作业数量、作业内容、作业类型及作业评价等方面进行分析。特别关注学生对作业的功能、意义、兴趣程度，作业布置是否适量，作业内容的来源和作业内容的难度，作业的类型特点及作业评价的主体与方式等因素。

在核心素养方面，问卷旨在评估作业设计对五项核心素养的培养现状。在教师访谈方面，则围绕教师对核心素养的认知、作业设计与核心素养关系的认知展开，进一步探讨了教师在实际作业设计中所设定的作业目标、作业类型、作业内容及评价设计，同时关注教师在学校作业管理和教师作业设计中所面临的挑战与困境。

## 第二节 存在的问题

自“双减”政策实施以来，各学科在实践过程中积极贯彻相关要求，尤其在整体作业量、作业难度和作业类型方面取得了显著进步。但是，就初中《道德与法治》课程而言，当前的作业设计仍然不能满足学生日益增长的作业需要和核心素养培育的要求。结合实际调查情况，本研究认为初中《道德与法治》作业设计存在着以下几个问题。

## 一、作业理念偏重知识，脱离核心素养培育理念

理念是行动的先导，理念指导行为。教师有什么样的作业理念，就会设计什么样的作业。为深入了解教师的作业设计理念的具体情况，本书设计了相关题目进行调查，研究结果表明，当前教师对作业功能的认识比较片面，普遍认为开展作业是为了巩固学生所学知识和提高考试成绩的工具。在谈及作业设计目的时，A教师："我觉得设计作业的目的是帮助学生巩固知识，使他能够彻底地去消化课堂上的讲授的知识。"B教师："提高知识掌握，为了在成绩上有所提升。"C教师："更多关注学生对今天学习的内容进行查漏补缺。"D教师："我设计作业最直观的目的有两个，第一是让学生巩固已学的知识，第二个是更好地了解学生的学习情况和学习进展。"E教师："作为一名刚刚工作一年的新教师，我觉得从我目前的教学实践来看。作业的功能帮助学生对于知识点的掌握情况，也方便我查漏补缺。"

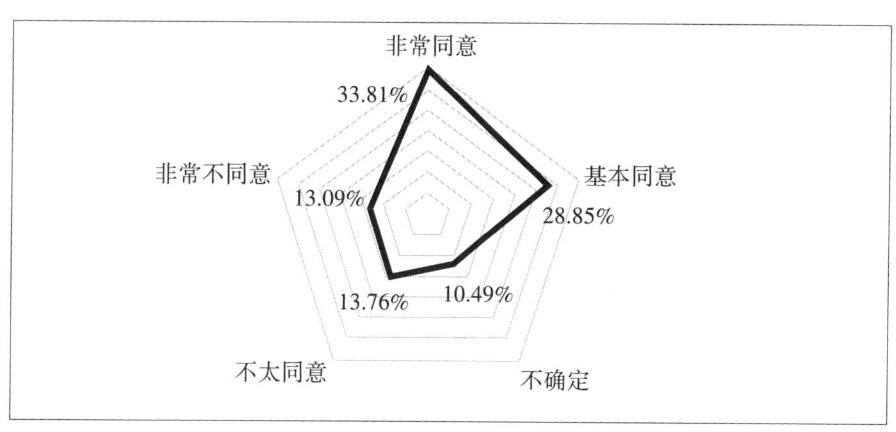


图2-1　学生作业认知情况

如图2-1所示，学生调查问卷中，面对教师设计的《道德与法治》课程作业偏重于巩固知识的问题时，有33.81%的学生表示“非常同意”、28.85%的学生认为“基本同意”，13.09%的学生认为“非常不同意”，13.76%的学生认为“不太同意”，10.49%的学生认为“不确定”。经过统计和分析，超过半数的学生认为教师设计的作业偏重于知识。

通过调查研究发现，绝大多数教师在进行作业目标设计时，主要侧重于作业在知识巩固方面的功能。然而，根据新课程标准的要求，作业不仅应当关注知识的掌握，更应注重其对学生核心素养的评价与测量功能。但当前教师普遍忽视了核心素养的培养要求，未能充分考虑作业在促进、评价和测量核心素养方面的功能。这种过于偏重知识层面的作业设计理念可能引发一系列问题。首先，脱离核心素养培养的作业设计将导致所布置的作业未能有效促进学生核心素养的培养、评价和测量。其次，在快速变化的时代背景下，对未来公民的综合素质，尤其是实践能力与创新能力提出了较高的要求。然而，过度偏重知识的作业设计理念常常忽视这两方面能力的培养，导致学生不能很好地适应未来的社会需求。

## 二、作业目标比较简略，影响核心素养培育方式

作业目标在教学过程中意义重大，其不仅指引着作业内容、类型及评价标准的具体设计，也最终实现着作业的功能与价值。为了全面了解当前教师在作业目标设计方面的现状，本研究通过教师访谈收集了相关信息，并在此基础上设计了相应的题目。同时，为了进一步验证问题的可信度，本研究还收集了教师在实际教学中所设计的作业案例，针对其中作业目标设计存在的问题进行了深入剖析。

在访谈中，教师在谈及如何设计作业目标时，A教师表示：“我有时会

设计作业目标，有时不会设计作业目标。如果设计的话，可能简要写写重难点。”B教师表示：“我在设计作业目标时，主要参考教辅资料，学生能做完多少作业。”C教师表示：“我会适当考虑本节课的知识点。”D教师表示：“我一般都是直接参照本节课的学习目标，我觉得两者想要达成的结果是一致的，没什么区别。”E教师表示：“修改一下这节课的教学目标，直接用。或者是参考别的老师在这一节课的作业目标设计，尤其是优秀的作业设计的目标更科学。”F老师表示：“从知识与技能、过程与方法、情感态度价值观，一点点细化，就像设计教学目标一样。不过有时候来不及，就不设计了。”G教师表示：“直接用教学目标啊，他们在核心素养达成的目标是一样的，没什么区别的。”H教师表示：“我会看学生上次作业完成时的表现，就是看作业评价如何，推算出班级学生的整体状况，然后看看教材的知识点，再看看课标上是怎么要求的。最后，用核心素养表现出来，比如说，学生通过什么样的方式，完成什么样的活动，能达到什么样的水平。”

通过分析访谈中几位教师的观点，可以发现大多数教师仍直接沿用了本节课的教学目标作为作业目标，只有少数教师重新设计了作业目标。为了进一步验证教师在作业目标设计方面的实际情况，本研究收集了若干教师的作业设计，在作业目标设计中，有的教师仍然采用传统的三维作业目标，从知识技能、过程与方法和情感态度价值观进行论述。有的作业目标设计存在不明确的情况，未能充分考虑学生的实际学情，也不与核心素养培育的要求相契合。结合教师在访谈中呈现的具体内容，这一现象反映了当前初中《道德与法治》作业目标设计上的简略性。作业目标过于简略可能会带来一定的问题。其中尤为突出的两个问题分别是：作业设计针对性不强、教师作业设计过程容易出现偏差。同时，不依据核心素养设计作业目标还会导致作业失去评估作用，以致无法评估学生的学习情况和能力发

展。因此，教师无法对于预期结果进行衡量，无法判断学生是否达到预期的核心素养水平，甚至无法提供及时反馈和指导，从而削弱了作业对学生进步与成长的促进作用。

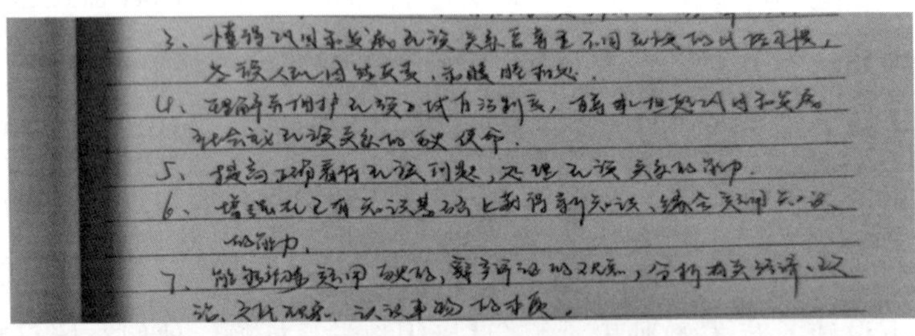

图2-2　教师作业目标设计现状

## 三、作业内容问题明显，阻碍核心素养培育内容

新课程标准中明确指出，要设计贴合学生的实际生活的作业内容，要难度适宜、数量适宜。与此同时，课本知识本身具有系统性，核心素养的培养亦需要经过学习和运用课本知识来实现，因此核心素养具有内在的系

统性。就它本身而言，核心素养的五个方面在其内涵上是相互联系和相互依存的。因此，作业设计应遵循贴近学生实际生活、体现作业之间的系统性，以及作业难度适宜等基本要求。经过本次调查研究，作业内容设计中存在以下问题。

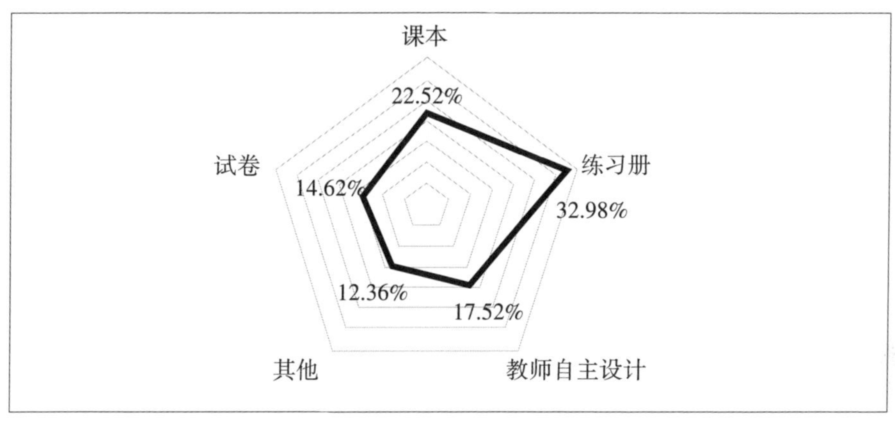


**图2–3　作业内容来源**

作业内容脱离实际生活。当前，作业的内容主要来自练习册和课本，这些作业内容更注重书面练习和知识背诵，缺乏将学科知识与学生的日常生活经验或真实情境相结合的设计。因此，学生在完成作业时难以有效地将所学知识运用到现实生活中去。根据调查数据，学生普遍认为当前的作业内容与实际生活之间的联系并不紧密。针对初中《道德与法治》作业的内容来源，调查结果显示，32.98%的学生认为作业主要来源于"练习册"，22.52%的学生指出作业来源于"课本"，17.52%的学生认为由"教师自主设计"，14.62%的学生表示作业来源于"试卷"，12.36%的学生提到其他来源，如图2–3所示。进一步分析表明，教师布置的作业主要集中在练习册和试卷上，强调了书面练习的比重。由此可见，当前的作业内容脱离了实际生活，如图2–4。进一步分析这些作业的内容，学生面对《道德与法

治》作业内容是否与生活有联系时，26.65% 的学生表示“不太同意”，25.02% 的学生表示“非常不同意”，18.07% 的学生表示“不确定”，17.94% 的学生表示“基本同意”，12.32% 的学生表示“非常同意”，如图 2-4 所示。经过统计分析，超过半数的学生都否定了作业内容与实际生活有联系。

作业内容缺少系统性。当前作业内容设计仍然呈现孤立、零散的状态。教师在布置作业时，没有注重课时之间的整体性与系统性，导致学生知识构建得并不完整、连贯。学生面对作业之间是否具有系统性时，有 27.00% 的学生表示“不确定”，23.01% 的学生表示“不太同意”，20.34% 的学生表示“非常不同意”，15.29% 的学生表示“非常同意”，14.32% 的学生表示“基本同意”，如图 2-5 所示。这一数据表明，超过四分之一的学生对作业内容的系统性持不确定或否定态度，反映出当前作业设计在知识体系整合方面的不足。

作业内容难度不均衡。经过“双减”政策实施以后，作业的数量有所下降，但《道德与法治》学科作业的难度设计仍存在不均衡现象。面对《道德与法治》作业设计难度适中时，27.81% 的学生表示“不太同意”，

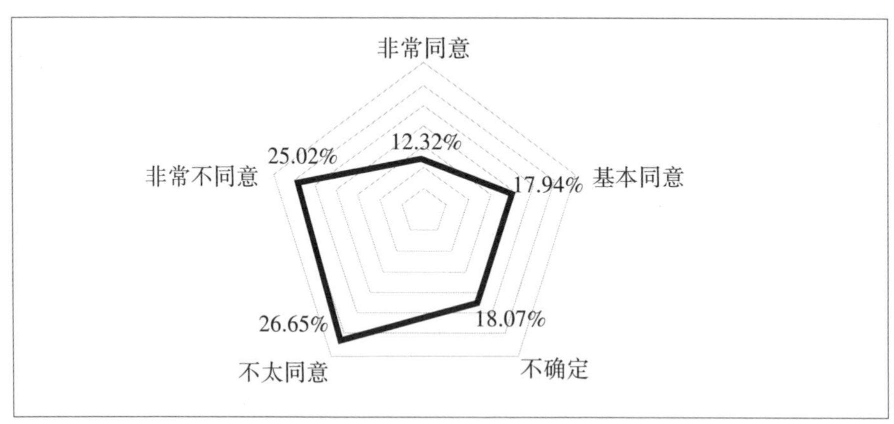


图 2-4 作业内容与生活的联系

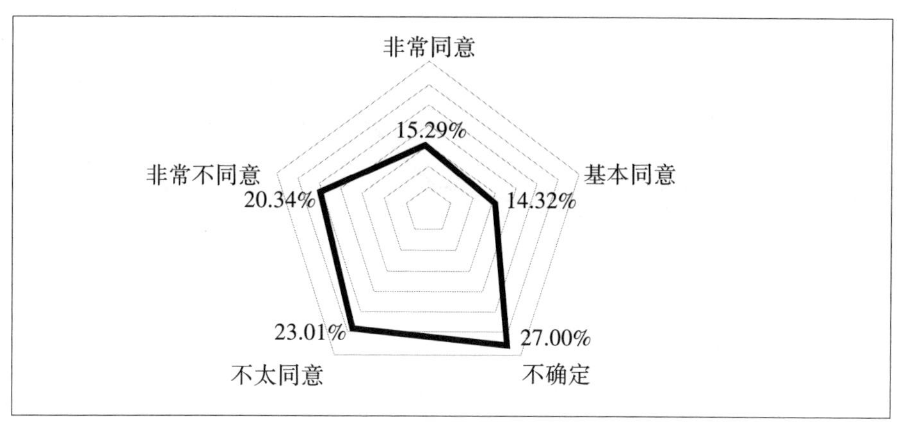


**图2–5 作业内容的系统性**

22.74% 的学生表示“不确定”，19.87% 的学生表示“非常不同意”，17.44% 的学生表示“非常同意”，12.14% 的学生表示“基本同意”，如图 2–6 所示。由此可以看出，超过半数的学生并未认同作业难度的适中性，反映出当前作业难度设计未能满足学生的实际需求与认知水平，难度设定的均衡性亟待改进。

同时，为了进一步探讨作业难度的相关问题，本研究还针对学生在作业选择权进行了调查。29.09% 的学生表示“不太同意”，27.22% 的学生表示“非常不同意”，15.88% 的学生表示“不确定”，14.79% 的学生表示“非常同意”，13.02% 的学生表示“基本同意”，如图 2–6 所示。因此可以看出教师在作业设计中没有考虑学生的不同能力。

初中《道德与法治》课程内容紧密联系学生的实际生活，知识具备较强的逻辑性与系统性。如果作业内容脱离了学生的现实生活经验，学生将难以将作业内容与实际生活联系起来。当学习到一些概念知识或者过于抽象的知识时，学生可能会感到困惑，进而影响其将知识应用于实际生活的能力，进而影响核心素养的培育。初中《道德与法治》课程具有系统性，例如，以七年级上册为例，课程内容从与他人和自己的相处入手，贯穿整

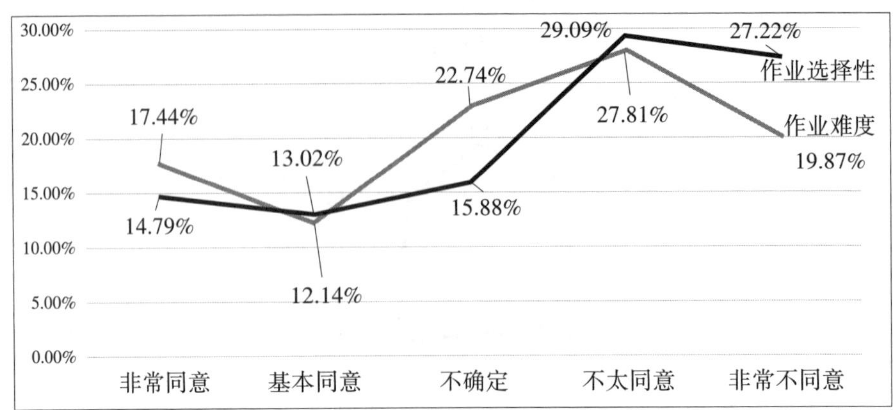


图2-6 作业难度与作业选择性

本教材。如果作业内容缺乏系统性的设计，学生在完成作业过程中可能会感到迷茫，进而影响其基础知识的构建，削弱其思维能力及解决问题的能力。此外，每位学生都有其独特的技能、能力和作业需求。若作业设计缺乏层次性和针对性，部分学生可能会觉得压力过大，而另一部分学生则可能认为作业内容过于简略，未能有效激发其潜力。

## 四、作业类型相对单一，缩小核心素养培育途径

不同作业类型对于不同核心素养的培养存在显著差异。例如，“责任意识”更适合用实践类的作业进行培养，才能达到事半功倍的效果。在《道德与法治》学科中，五个核心素养，必须要用多样化的作业类型才能实现培育的目标。基于此，本研究对作业类型进行了系统划分，并在问卷设计中也设置了相应的问题，以验证当前作业类型设计的实际情况及其对核心素养培养的影响。

书面类作业比较多且以知识整理的作业为主，操作类作业比较少。通过对作业内容来源的分析，可以发现试卷、练习册等是主要的作业来源，

而它们通常由选择题、填空题、简答题、应用题、证明题、完形填空题以及判断题等题型组成，因此问卷并不对这些传统作业类型进行调查。在书面类作业中，共有29.97%的学生表示有“书面开放类作业”，22.14%的学生表示有“跨学科类作业”，53.42%的学生表示有“整理类作业”。如图2-7所示，书面类作业中以整理类作业为主。如图2-8所示，在操作类作业中，共有60.49%的学生表示有“听说类作业”，30.24%的学生表示有“动手操作类作业”，30.46%的学生表示有“社会实践类作业”，31.79%的学生表示有“合作类作业”。在操作类作业中，听说类作业比较多，动手操作类、社会实践类、合作类作业相对比较少。

根据上述关于作业类型的数据分析可以得出，当前的作业类型中，以听说类作业和整理类作业为主，而社会实践类作业、合作类作业以及动手操作类作业相对缺乏。这一现象表明，现行作业类型仍有待进一步加强和优化。

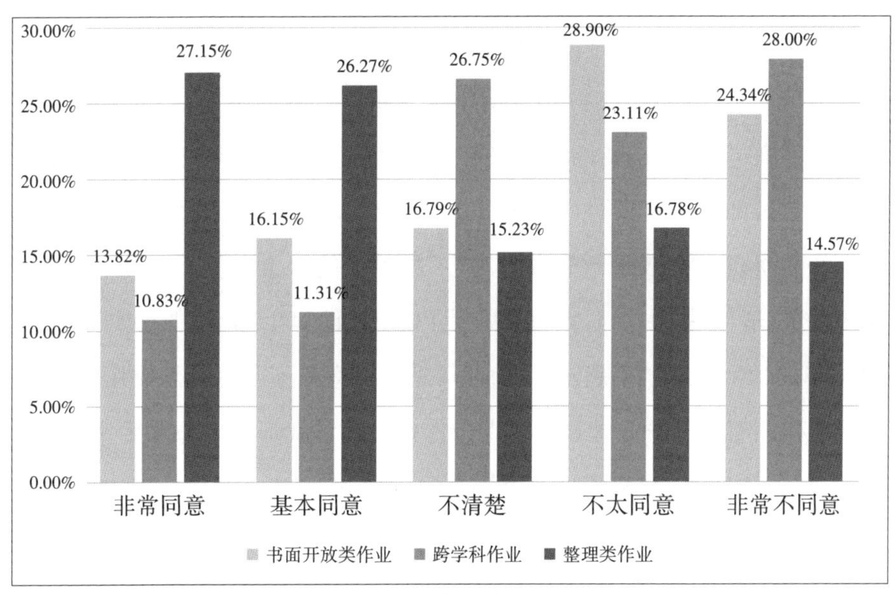


图2-7　书面类作业

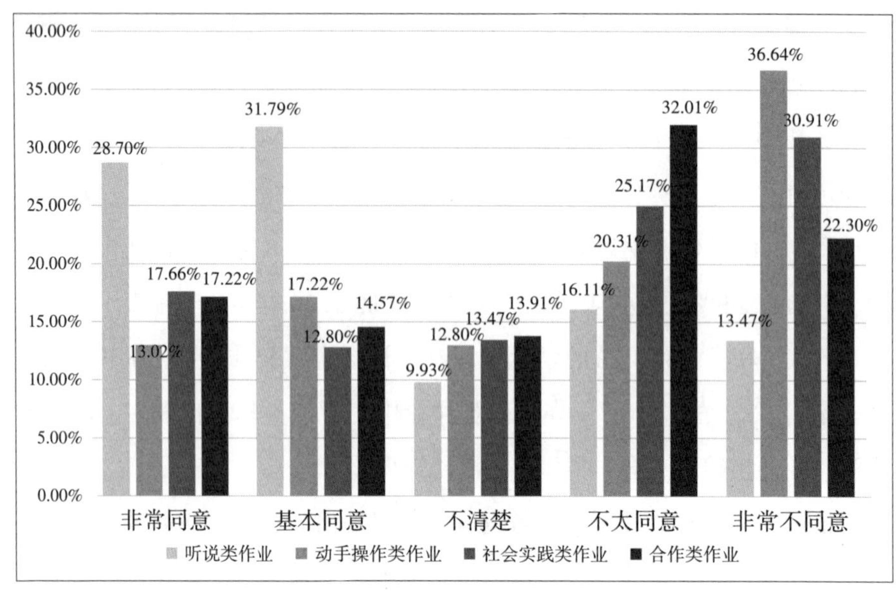


图2-8 操作类作业

课后作业比较多，课前和课中作业比较少。如图2-9所示，针对教师会设计课前作业的问题时，29.91%的学生表示“非常不同意”，22.84%的学生表示“不太同意”，17.61%的学生表示“基本同意”，15.00%的学生表示“不确定”，14.64%的学生表示“非常同意”，由此可知，超过半数的学生表示教师并未设计过“课前作业”。针对教师会设计课中作业的问题时，29.22%的学生表示“非常同意”，27.21%的学生表示“非常不同意”，16.19%的学生表示“不太同意”，13.81%的学生表示“基本同意”，12.57%的学生表示“不确定”。由此可见，同意和不同意的人数几乎相同，这说明目前有一部分教师设计了课中作业。针对教师会设计课后作业的问题时，35.17%的学生表示“非常同意”、26.80%的学生表示“基本同意”，8.24%的学生表示“不确定”，14.02%的学生表示“不太同意”，15.77%的学生表示“非常不同意”。由此可见，超过六成的学生认为教师设计过课后作业。综上所述，当前教师设计的作业类型以课后作业为主，少量教师设计了课中作业，很多教师并没有设计课前作业。这表明，当前教师在作业设计上的思路仍然集中于课后任务的安排，且课中和课前的作业设计较为薄弱。这种作业设计的偏向性，可能与教师对作业任务的理解、课程内容的安排及学生学习习惯等因素密切相关。

在访谈中，教师面对经常设计什么类型的作业的相关问题时，E教师表示："我一般设计的作业，还是让学生背书比较多。一般设计课后作业。"D教师表示："除了背诵重点知识点、写练习册，会有看电影、看新闻、看推荐的书，然后布置一些观后感、读后感，还有学完本课之后有什么感受，反正是有让同学写的比较多，还有拓展类。这些主要是课后作业。"C教师表示："我设计的作业类型还是以纸质版作业为主，背书的话是比较少的，因为我觉得初中政治的内容实际来说对于学生比较简单，学

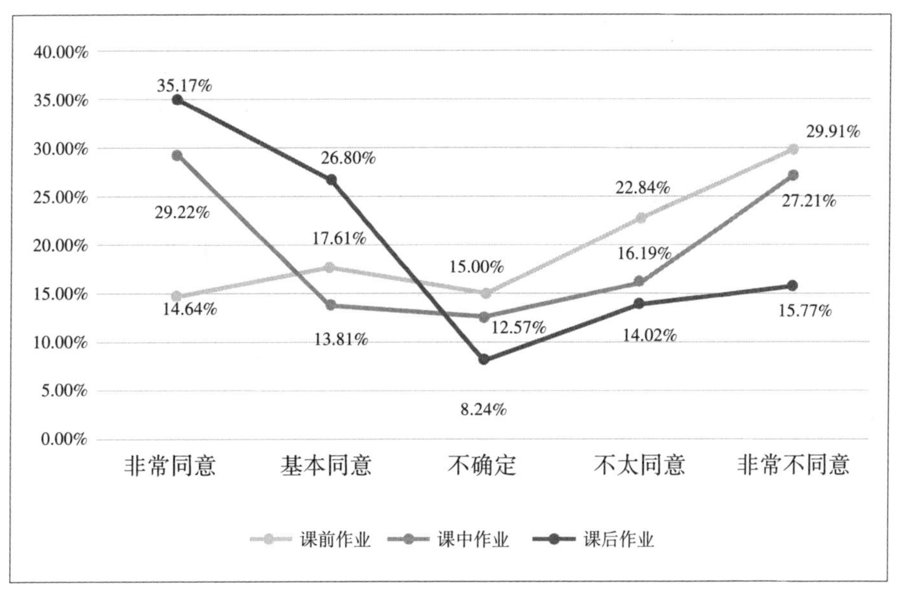


图2-9　课前、课中与课后作业

生能够简单理解，能够通过所学知识形成正确的价值观就可以了。而社会实践、电影等类型的作业内容，我设置的比较少。”综上所述，我们可以看出初中《道德与法治》作业中，作业类型相对单一，以背诵和书面作业为主，课后作业占据主导地位，这在一定程度上限制了核心素养的全面培养。不同类型的作业，在促进学生核心素养发展方面发挥着各自独特的作用。过于单一的作业形式可能导致多种问题。学生对学习的兴趣往往需要多种类型的作业来激发。如果作业种类过于单一，学生可能会觉得单调和无趣，从而失去对学习的热情，也可能导致他们对作业的投入度和积极性下降。如果作业的种类过于单调，那么很难全方位地培育学生的核心素质，进而影响其综合能力的发展。

## 五、作业评价方式僵化，忽视核心素养培育要求

作业的评价直接影响着教师对学生核心素养发展的准确度认知，因此，作业评价的标准、作业评价的方式和作业评价的主体必须符合核心素养培育的要求。当前作业评价存在主体单一，评价方式单一以及评价标准不明确等问题。如图2-10所示，学生面对作业批改主体的问题时，42.45%的学生表示由“教师”、17.66%的学生表示“不批改”、14.57%的学生表示由“自己”、13.18%的学生表示由“同学”、12.14%的学生表示由“家长”。由此可以看出，目前《道德与法治》作业主要由教师批改，批改主体单一。为了进一步了解作业批改情况，本次调研又对作业批改方式进行了详细了解。

在访谈中，面对作业批改主体和批改方式的问题，E教师表示：“作业批改主要看我设计的是什么作业，如果是书面作业有客观答案的，学生可以相互批改，但是没有客观答案的，我还是会主动批改。家长有时候会让

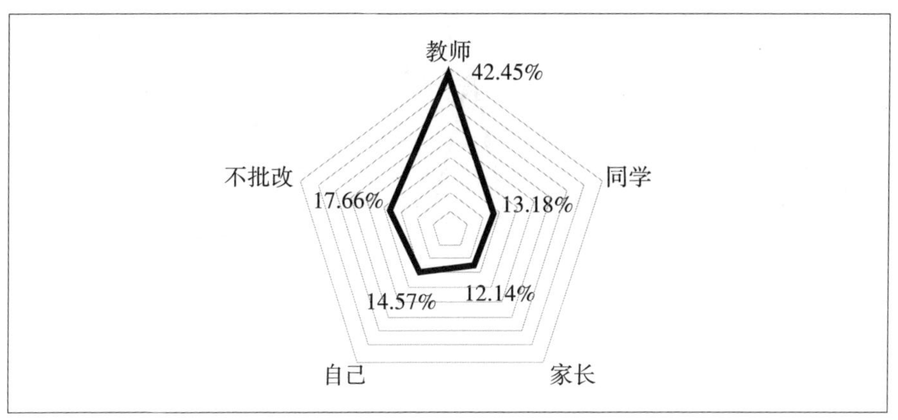


**图2-10　作业批改主体**

他们签个字。批改方式一般还是打对错比较多，偶尔会写个鼓励性的评语。”A教师表示：“我设计的作业主体是老师，但是如果老师过忙的话，像一些简单的当堂测试，可能会要让学生来进行。批改方式主要是对号、评语，但是评语形式化，还是用不错、很好之类的。”D教师表示：“作业批改主要还是老师，批改方式要么是打对号，要么是优良中差，ABCD加上评语。”C教师表示：“批改方式，我比较认同‘对号+评语’的这种方式。首先对号是一种比较直观的批改形式，很直接就能让学生认识到自己的作业书写情况。而评语的话，鼓励性、表扬性的评语能够让学生信心加倍，使他们的作业质量更加优秀，相反，批评性的评语则能够对学生的作业书写状况给予一定的警示，在一定程度上能勉励他们更加认真地对待作业，更加仔细参与课堂学习。”如图2-11，是《道德与法治》作业批改方式的占比情况。面对作业批改方式的问题，有55.33%的学生表示是“打对错”，14.67%是“评等级”，13.00%是“自己对答案”，9.33%是“写评语”，7.67%是“当面指出”。可见，当前主要的批改方式就是打对错。

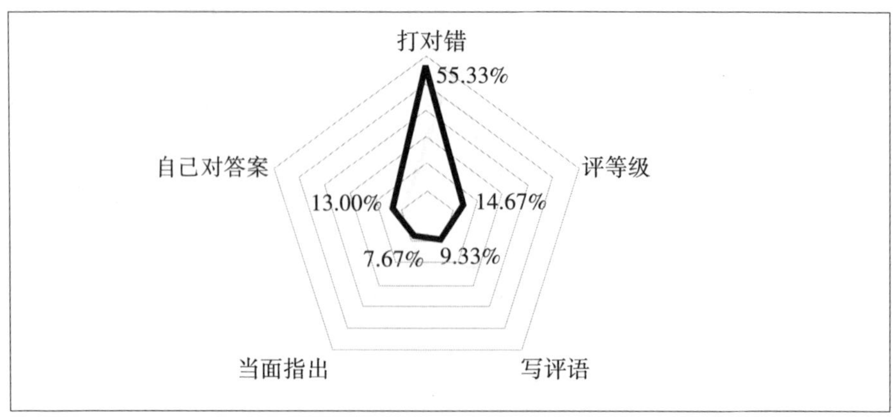


图2-11　作业批改方式

由此可见，当前作业评价设计的标准只注重结果评价，忽视了过程性评价和增值性评价，评价主体为教师，评价的方式为打对错和简单的评语。这种僵化的评价模式未能有效满足核心素养培养的要求。新课程标准中明确指出，作业是学习评价的重要手段之一，作业评价应该关注结果，也关注过程，要确定作业的评价重点和方向等。僵化的作业评价，会过于注重标准答案，不利于对学生的发展做出客观评价，忽视了学生的创新思维能力和问题解决能力的培养。学生为了得到高分而完全受制于答案，无法培养和发展创新能力，这不符合核心素养的培育要求。

## 第三节　成因分析

### 一、教师相关理论认识比较浅显

作业设计中存在的诸多问题，归根结底是教师的理论认识还不够深入。从访谈数据来看，尽管教师对初中《道德与法治》核心素养有了一定的了解，但是只看到了通过课堂教学是培养核心素养的途径，却忽略了作业也是培养、衡量和评价学生核心素养的途径之一。教师们更加认可作业设计对知识的巩固和对学生成绩的提升的功能。教师加强学习核心素养理论知识，对于提高作业设计能力及整体教育教学能力至关重要。通过深入学习核心素养理论，不仅可以增强教师在作业设计方面的理论知识，还能提升在作业设计意识和能力方面的水平。同时，也可以帮助教师摆脱传统教育模式的束缚，更好地了解和认知作业观念、作业行为和作业策略，及时调整和改进作业设计，积极探索创新作业设计模式和方法，促进个人的教育发展和专业成长。

在我国，教师通常将学生的作业视为课堂学习后的复习、巩固训练、评估和适当的拓展活动，常常将作业看作是课堂上的一种附加意义的延伸。[①]在传统教育观念中，“成绩至上”和“唯分数论”扮演着重要的角色。这种观念深刻影响着教师的教学观念，为了实现成绩的提升，教师通常会更关注课堂教学，并在课堂教学上花费大量心血。然而，作业设计未能获得足够重视，教师普遍缺乏作业设计的意识。通过问卷调查和访谈的结果可以看出，教师在作业设计过程中存在诸多问题，包括作业目标设计简略、作业内容问题明显、作业类型相对单一、作业评价方式僵化等。这些问题的根本原因在于教师对作业设计缺乏应有的重视，且许多教师依旧受到传统教育观念的影响，认为初中《道德与法治》课程的作业设计仅仅是为了巩固知识。为了让学生取得良好的成绩，教师会直接选取教辅材料作为作业内容，不考虑作业类型与作业评价的设计，主要因为这些题目更

① 王学男，赵江山．“双减”背景下作业设计的多维视野和优化策略［J］．天津师范大学学报（社会科学版），2022（2）：38-44.

接近于考试试题，能够快速地提升学生的成绩。

教师是作业的主要设计者，应该明晰作业设计的价值与功能。教师只有树立了作业设计的意识，才能设计出符合教育目标和学生需求的高质量作业，满足学生对本学科作业的期许，才能增强本学科对学生的吸引力。在调查中显示，面对“我非常喜欢现在的《道德与法治》作业”这一问题时，有31.65%的学生表示“不太同意”，23.3%的学生的表示“非常不同意”，只有14.29%的学生表示“非常同意”，13.58%的学生表示“基本同意”。这一结果表明，当前初中《道德与法治》作业未能获得多数学生的喜爱，学生希望能够体验到更多富有创意和多样性的作业形式。这一现象对教师的作业设计提出了更高的要求。教育实践的有效性往往源于理论的引导，教师树立了作业设计的意识，才能够开发出更具教育价值的高质量作业形式。

## 二、部分教师作业设计能力不足

通过访谈资料的分析可知，有一部分教师已初步具备开展作业设计意识，并在实践中开展了一定的行动。例如，在作业内容来源的调查中，有12.36%的学生表示作业由“教师自主设计”。但是从作业设计中存在的诸多问题来看，教师的作业设计能力仍存在显著提升空间。具体而言，调查与访谈结果表明，许多教师在作业目标的设计上不清晰，导致作业内容不明确。如在谈及作业目标设计时，E教师表示：“我曾经尝试过设计作业目标，可能是我的能力有限，感觉作业目标设计的并不好。”在谈及作业设计中遇到的困难时，B教师表示：“我不知道该怎么设计，曾经尝试过设计多种评价主体和评价内容，但是自己能力有限，效果不好。”D教师表示：“有时候感觉自己的能力有限，没有其他人能帮助我参考设计的好坏。”A

教师表示："我有两个困难，一个是设计时很难顾及全班同学的层次，另一个是设计的作业可能不太规范，不全面。"因此，我们可以知道，教师作业设计能力仍有所不足，从而导致了作业设计质量不高。作业设计能力的不足，会制约教师的育人能力。[①]

同样，面对"《道德与法治》作业难度适中"这一问题时，27.81%的学生表示"不太同意"，19.87%表示"非常不同意"，22.74%表示"不确定"，17.44%表示"非常同意"，12.14%表示"基本同意"。这一数据表明，学生普遍未认同当前的作业难度适中。这一现象反映出教师在作业设计上缺乏对学生个体差异的精准把握，未能依据学生的真实情况进行合理调整和个性化安排。这也从侧面反映出来了教师对学情不够了解，只有充分掌握好学情，才能培养和教育好学生，只有了解学生的真实想法，才能根据学生的个体差异性开展个性化的作业设计，设计出多样化的作业类型。根据加德纳多元智能理论，如果班级中自我认识智力的学生多，应在作业类型设计中引入反思、自我评估和感想等类型的作业，以适应学生的认知特点。在正确的教育理论指导下，教师应依据新课程标准、学生需求和教材内容，设计出内容整合度高、类型丰富、评价综合的作业形式，这一过程要求教师具备较强的作业设计能力，并通过不断总结和积累教学经验，才能有效实现符合道德与法治核心素养要求的作业设计。

---

① 罗生全，陈卓，张熙．基于增值评价的学生作业设计价值向度及优化策略[J]．中国教育科学（中英文），2022，5（4）：83-93.

## 三、行政部门和学校方面支持少

作业作为一个焦点话题被教育领域始终关注，也是学校教育教学活动中的基本元素之一。[①]教育行政部门和学校作业管理，直接影响着教师的作业设计活动。在谈及学校是否对作业设计有要求相关方面的问题时，A教师："没什么具体要求，会定期查看作业布置次数。"B教师："有，会查看我们是否批改了学生的作业。"C教师："有，有规章制度，但是执行的不严格。"D教师："有一定的要求，'双减'之后要求我们的作业量不能布置太多。"E教师："没有，我们学校不太关注作业。"F教师："有，开过几次会，但是也没有继续推进这些会议提出的作业要求，我们还是更重视学生的成绩。"G教师："没有。"H教师："有，我们学校的要求还是比较多的，教研组会定期开展作业设计的集体备课。"由此可见，作业设计也没有得到学校管理部门的重视。教师在课堂中的表现和学生的考试成绩得到学校管理部门的更多重视，相应的学校活动也更多，例如听课、技能比赛等。然而，开展的作业设计培训和比赛屈指可数。同时，学校在开展与作业有关的活动时，主要侧重于检查教师的作业布置与批改次数是否符合要求，并不重视作业设计中产生的具体问题，也不会考察作业设计的质量和效果，更不会考察作业的内容、形式等是否符合新课标的要求，是否适合学生的身心发展特点，是否能够有效提升学生的能力及促进学生的发展。学校对作业的管理理念，会直接影响教师的作业观念和具体作业设计活动的开展。

---

① 高洁．技术哲学视角下作业的本质及其实践策略［J/OL］．首都师范大学学报（社会科学版），1-13［2024-03-12］．http：//kns.cnki.net/kcms/detail/11.3188.C.20230908.1843.002.html.

同时，尽管教育行政部门对核心素养的培养给予了高度重视，并开展了多次培训活动，但这些活动中大多数是探讨如何通过课堂开展教学活动，并不重视作业对核心素养的培育、评价与预测功能。教育行政部门有关作业设计的相关的文件和规章制度主要集中在对作业完成时间的控制上，以落实“双减”政策。但是，有关作业设计的专项培训活动比较少，也没有对作业设计质量和效果的具体要求。

# 第三章 核心素养视角下初中《道德与法治》作业设计策略

在教育改革不断深化的当下，核心素养的培育愈发关键。本章聚焦于核心素养视角，深度探讨初中《道德与法治》作业设计的策略。具体包括：转变传统作业设计理念，从单一走向多元；细化作业目标，精准对接学习需求；调整作业内容，契合时代热点；增加作业类型，激发学生学习兴趣；以及构建多元作业评价体系，全方位提升教学质量。

## 第一节 遵循核心素养培育要求：转变作业设计理念

为了实现教师作业理念的切实转变，必须依赖于多方协同努力。首先，学校应从管理流程入手，优化制度建设并加强执行力度，通过双管齐下的方式，确保作业设计的改革落到实处。其次，教研部门应积极组建专业化团队，搭建资源共享平台，提供有效的专业支持与交流空间，以促进教师在作业设计方面的持续发展与提升。最后，教师个人也应主动深入研究教学理论，积极参加相关培训，并研读相关学术专著，全方位提升自身的作业设计能力，从而为教学质量的提升贡献力量。只有通过各方的共同努力，才能实现教师作业理念的真正转型，进而推动教育实践的不断优化与发展。

## 一、学校转变作业管理，引领作业价值导向

学校的作业管理方式和价值导向，宛如精准风向标，直接且深刻地塑造了教师对待作业的态度和方式。有研究者认为，学校作业管理水平的高低，直接决定了教师作业的品质，直接影响着教师开展作业设计的能力发展状况，与学校作业实施的效果密切相关。[①]在学校的管理体系里，培育学生核心素养始终是关键导向，而作业设计作为其中不可或缺的一环，有着举足轻重的作用。在推行新作业设计的初期，学生需要一定的适应时间，短期内成绩出现波动属于正常现象。学校应当跳出“成绩至上”的传统思维局限，在精神和物质层面双管齐下，大力鼓励教师积极探索创新，为作业设计工作的顺利开展提供全方位、强有力的支持。

一要建立完善的作业管理规章制度。一套科学完备、贴合教育实际的作业管理规章制度，能让学校从全局视角出发，对教师的作业设计工作进行精准且系统的把控，为教师的每一次作业设计提供清晰、具体且具有可操作性的指引。同时，这样一套完善的作业管理规章制度，还制定了客观公正、细致量化的评级标准，从作业内容的合理性、难度的适宜性，到对学生能力培养的针对性等多个维度进行考量，全方位助力教学质量的提升。如果仅依靠教师个人的自发行为，必然难以长期维系，也难以集中教师的力量形成合力。此外，这个制度能够将学校各年级的作业纳入同一个系统之中，精准把控作业数量，避免作业过多或过少给学生造成负担或无

① 王月芬，张新宇．透析作业：基于3000份数据的研究［M］．上海：华东师范大学出版社，2014：151.

法达到巩固知识的目的。系统性的作业体系，也会促进各年级作业之间更好地相互衔接、循序渐进，更好地服务于学生的学习成长。建立完善的作业审查制度也势在必行。学校应将作业设计质量纳入教师考核体系，使其与职称评定、职务晋升紧密挂钩，以此激励教师提升作业设计水平。与此同时，学校需要着重要求教师达成从设计、实施，到结果分析、诊断改进，再到二次设计、再次实施的循环流程。这是提升作业设计质量的关键环节，能让作业切实贴合教学需求，助力学生成长。

二要将作业设计纳入学校日常教研活动，为教师搭建常态化的交流与研讨平台。在以作业设计为主题的教研活动中，教师有机会分享彼此在作业设计过程中所取得的成功经验、遇到的困难挑战，以及探索和实施的有效应对策略。这种互动式的分享不仅有助于教师相互借鉴经验，还能够为解决教学实践中的实际问题提供启示和思路。通过集体讨论与反思，教师能够在理论与实践的结合中，形成更为科学、合理的作业设计理念，从而促进教育教学质量的提升。此外，教师在教研活动中所汲取的经验，不仅有助于其个人教学水平的提高，也对学校的教学改革起到积极推动作用。与此同时，学校层面的支持与激励机制同样至关重要。通过组织以学校为单位的教学竞赛，并将作业设计作为重要评选内容之一，可以有效调动教师参与教学创新的积极性。通过设置具有吸引力的奖励机制，教师在竞赛中不仅能够获得荣誉和认可，还能够通过比赛激发出更多的创意和解决问题的能力。这种激励措施能够进一步激发教师在作业设计领域的主动性和创造性，使得教师不仅关注日常教学任务的完成，还会投入更多的精力与心思，在作业设计上进行深度思考与探索。通过这种教研活动与竞赛机制的有机结合，不仅能够促进教师之间的合作与经验交流，还能推动教师在教学过程中不断深化作业设计理念，推动学校整体教学质量的稳步提升。

三要长期开展作业教研和作业活动，不仅能够为教师提供一个系统化、深度反思作业设计的契机，而且对教师个人的专业成长及学校教育质量的提升具有深远的促进作用。作业教研活动为教师提供了一个反思教学设计的深度平台，使教师能够从多维度、多角度对作业设计进行细致分析。教师能够深入挖掘作业设计中的复杂问题及其背后的多重影响因素，帮助教师更全面地理解和掌握学生在作业完成过程中所呈现的不同状态，进而把握学生的学习发展规律与核心素养的进步轨迹。从而更加精准地调整作业内容、形式及反馈机制，以适应学生的不同学习需求。这种深度反思与多方位分析，有助于教师全面掌握学生的作业状态、学习发展规律、核心素养发展状况以及作业设计的内在规律，推动作业设计不断优化和创新。在作业教研活动的过程中，教师通过集体讨论与协作，能够发现和总结作业设计中的共性问题及其解决策略。教师之间通过经验交流与合作，不仅能够互相学习成功的案例与教学经验，还能共享在作业设计与实施过程中遇到的困惑与挑战，进一步促进教师之间的专业互动与合作精神。作业教研活动的长期开展还能够有效促进教师专业能力的提升，还为学校教学质量的改善提供了有力支撑。通过不断参与集体研讨、交流与反思，教师在教学理念、教学策略和教学方法等方面的认识不断深化，教育实践能力和教学决策能力得到了显著提升。通过集体研究和实践反馈，学校能够在教师群体的共同努力下，发现和解决教学实践中的关键问题，不断完善教育决策与管理模式。这种系统化、持续化的作业教研活动，为学生全方位全面发展和教育管理决策提供有力支撑。

## 二、教育部门组建团队，构建作业共享平台

教育部门要牵头组建作业团队。以教研员为中心的团队，要凭借专业

视角与丰富经验，组织高质量教研活动和学习活动。在以往的课程改革中，教研机构承担着重任，既要研究教学，又要指导课程实施。因为其地位之重要，教育部明确指出课程改革的支撑力量就是教研组织。[①]《道德与法治》学科教研员要规范和指导各学校的作业设计工作，深入评估和研究作业设计质量和实施效果。然后，选取成果突出的学校，有序组织《道德与法治》教师观摩学习，切实做好成果推广工作。在此基础上，还需要广泛邀请本学科专家、骨干教师、区外教研员和学生代表等，从多元视角细致剖析作业，反复打磨优化。此外，教研员还应充分发挥领导力，牵头制定科学合理的作业设计与实施标准，定期督查各学校推进作业教研工作，确保作业设计不断贴合教学实际、满足学生需求。

教育主管部门要牵头为教师搭建高质量作业培训和平台。培训是传递科学作业设计理念的关键渠道，无论是职前培训还是在职培训，都对塑造教师正确的作业设计观念发挥着不可或缺的作用。在新手教师的入职培训中，应着重增设作业设计相关板块。这不仅能助力新手教师迅速完成身份转变，更能让他们快速掌握岗位所需的作业设计技能，为今后的教学工作筑牢根基。而对于经验丰富的成熟教师，在职培训则需紧跟教育发展趋势，将基于核心素养开展作业设计的能力，列为“国培计划”等重点培训内容，通过丰富多样的主题培训与专业指导，推动成熟教师突破职业发展瓶颈，持续提升作业设计水平。同时，也要呼吁教师努力进行自我提升，积累作业设计的经验，最终实现从“量变”到“质变”。

教育行政部门要牵头构建作业平台。一线教师受到时间、资源和能力的限制，作业设计能力有限。一方面，作业平台能打破地域与校际壁垒，

① 朱永新．教研制度：强国建设的教育基石［J］．教育研究，2024，45（1）：80-88.

实现优质作业资源的广泛共享，将区域内分散的教育资源整合起来，让每位教师都有机会接触到前沿的作业设计范例。同时，平台可以动态采集作业的过程数据，监控个人学习轨迹，为后续个性化作业、分层作业以及合理把控作业负荷提供坚实的数据支撑，真正做到因材施教。另一方面，平台支持作业的智能批改与诊断反馈，借助人工智能技术，快速生成针对每个学生的个性化学习建议，极大提升教学效率与针对性。此外，基于教育大数据，平台可以动态监测教师作业设计情况与学生作业完成状态，为行政部门可以实施精准管理与科学决策提供了依据。

## 三、教师加强理论学习，提升作业设计能力

在教育不断变革的当下，教师的自我成长与提升迫在眉睫。特别是深入钻研作业设计知识与核心素养理论知识，持续提升知识储备与认知水平，才能有效提高作业设计能力，切实拥有破解作业设计难题的底气。吃透教材、吃透新课程标准作为开展作业设计的根基，这不仅是确保作业内容科学性与正确性的关键，更是把核心素养要求精准落实到作业设计各个环节的重要前提，进而为学生的全面发展筑牢根基。有研究者认为，为了更好地适应新的教育教学和课程改革环境，教师需要主动地去阅读与教育研究相关的学术文献，并深刻理解新设定的目标和要求，同时也需要努力地调整和优化自己现有的知识体系。[①]因此，在教育理念持续更新的当下，教师加强理论学习、积极汲取前沿知识显得尤为关键。教师要加强理论学习，多学习最新的研究文献。通过研究已有作业文献，及时把握研究界的

① 姚计海，张蒙.“双减”政策下教师专业发展的机遇、问题与对策［J］. 北京师范大学学报（社会科学版），2022（6）：41-49.

重点研究方向，尤其是研究作业设计理论知识。通过前人的研究可以为教师开展自己的作业设计提供指引，避免犯一些共性错误，提升作业设计的科学性与实效性，助力教学质量稳步提升。

除了通过已有文献来丰富自己的专业知识外，教师还可以观看有关教育专家和学者关于核心素养及作业设计的讲座、专家交流会等，更直观、深入地了解前沿知识。同时，教师也要积极参加研讨和培训活动。在学校组织的作业活动和教研活动中，教师应该认真学习教研部门组织的培训活动，与专家探讨作业设计难题，和其他教师交流经验，充分利用好每一次培训和交流。教师还要进行充分的实践活动和自省活动。在掌握理论之后，积极开展作业设计的实践活动。完成作业设计后，需要教师更加深入地进行自我反思，对于在作业设计过程中出现的新问题和新情况要有及时的反思，对设计进行深入的复盘，识别问题的根源并寻找相应的解决策略，这样才能不断地积累作业设计的知识和经验，从而提升设计能力。随后，将解决办法再次运用于作业设计中，有效攻克类似的问题。毕竟，唯有通过实践才能发现问题，实践是认识的目的与归宿，是推动教学能力进阶的关键动力。

## 第二节　优化核心素养培育方式：细化作业目标设计

在当前教育教学实践中，作业设计作为课堂教学的重要延伸，其质量和有效性直接影响到学生的学业发展与核心素养的培养。然而，通过调查与访谈数据分析发现，许多教师在作业目标设计方面存在明显的不足。具体而言，部分教师在表述作业目标时过于简略，甚至直接照搬课时的教学目标，忽视了作业应体现的个性化需求与发展目标。同时，部分教师仍然沿用传统的三维目标体系，未能充分考虑学生的具体学情及其核心素养的培养路径。这种情况与新课程标准中对学生核心素养目标的明确要求相悖，亟须在作业设计中得到有效改进。因此，作业作为针对学生个体需求和发展方向量身打造的教育活动，其设计应紧密围绕学生的实际情况展开，契合学生实际需求与发展方向，通过科学合理的作业目标设计，让作业切实发挥促进学生成长和综合素质提升的作用。

## 一、作业目标立足课标，紧扣核心素养要求

在教育变革的大背景下，教师唯有精准洞悉核心素养与三维目标的本质区别，深度领会核心素养的内涵、构成及关键价值，熟练掌握作业目标的精准表述技巧，才能够以课程标准为基准，紧紧围绕核心素养，科学、系统地开展作业目标设计工作，进而提升作业质量，推动教学实效的稳步提升。教育理念不断迭代更新，教师务必要明确核心素养与三维教学目标的差异。以往的教学中强调“知识与技能、过程与方法、情感态度价值观”三个方面。然而，初中《道德与法治》课程如今已明确提出五大核心素养的理念。这意味着教师需要对教学的着眼点进行重新审视，深入理解核心素养在课程中的引领性作用，并且在教学过程中，合理地从传统的三维目标过渡到以核心素养为导向的教学模式。众多研究者经过分析指出，两者之间存在着相同之处，也存在着明显差别。具体而言，三维目标被核心素养所涵盖，两者有的内容是共通的。但是，核心素养更强调通过具体的情境，让学生运用知识、技能、价值观。这样既可以避免抽象理解，还

可以避免孤立检测三维目标。[①]

同时，为让作业切实服务于学生核心素养的培育，教师需立足核心素养视角设计作业目标。教师必须转换视角，站在核心素养的高度精心设计作业目标。这绝非易事，要求教师沉浸式钻研初中《道德与法治》核心素养，对其内涵、构成要素以及深远意义达到信手拈来、脱口而出的熟悉程度。只有这样，教师在作业设计过程中，才能精准锚定方向，不做无用功，让每一项作业都切实成为提升学生综合素养的助力。例如，道德修养具体表现在人的个人品德、家庭美德、社会公德和职业道德上，责任意识主要表现在主人翁意识、担当精神、有序参与上。只有教师对核心素养的内在逻辑、具体表现了然于心，才能在其科学指引下，制定出契合学生成长需求、促进能力提升的作业目标。此外，作业目标应清晰阐述学生需要提升的核心素养具体维度。只有如此精细的规划，才能防止作业目标流于形式、内容空洞，切实为后续作业设计活动筑牢根基，保障其顺利推进。教师在规划作业时，既能够从整体视角出发，全面而深入地论述应达成的作业目标；也可以详细阐述学生通过参与何种活动来实现目标，以及参与活动的具体方式，助力学生全面发展。从整体视角出发，作业目标可以整体表述为：本课时学生在政治认同、道德修养、法治观念、健全人格和责任意识等方面达成的目标应该如下……从详细的核心素养出发，以七年级上册第三单元“师长情谊”作业设计为例，教师找到学生要养成的核心素养是政治认同，进而可以界定学生如何才能达成提升的政治认同的目标，最终可以将作业目标表示为：学生们可以通过收集关于中华传统文化中“家”的相关信息，从而产生对中华优秀传统文化的深厚认同，加强对家

① 刘长海，李海龙．新课标中核心素养对“双基”“三维目标”的继承与超越［J］．湖南师范大学教育科学学报，2024，23（03）：99-105+122.

国的情感，实现政治认同。这样的作业目标可操作性更强，更具有实际指导意义。

## 二、作业目标立足教材，根植知识内容逻辑

作业目标需紧密贴合教材，深度扎根于教材知识内容的内在逻辑。为此，教师必须树立强烈的教材分析意识，从知识架构、重难点分布、素养渗透点等方面，全面且细致地做好教材分析，让作业目标精准对接教学内容，为高质量作业设计筑牢根基。

要有教学分析意识。有研究者指出，教师应当充分理解教材的思想与立意，并在教育实践的过程中收集产生的真实问题，并对收集的数据进行分析，结合自身的专业智慧加工，将教材转化为育人的素材资料。[①]只有牢固树立教材分析意识，教师才能真正做到立德树人，才能将教材中蕴含的精华转化为学生的认知，才能科学地分析教材。如果教师缺少教材分析的意识，设计的作业就会出现内容和教学脱节的“两层皮”现象，沦为低质量的作业。这样的作业不但不能促进学生的发展，还会因为不合理的任务安排给学生造成一定的学业负担，阻碍学生的成长和进步，更难以达成教学目标。同时，在教材分析的过程中，教师要注重全身心的投入，秉持严谨认真的态度，深入剖析教材内容，认真理清教材的育人价值，充分挖掘教材中蕴含的知识价值和社会价值等。这些价值点是构建科学作业目标的关键要素，是保证作业目标设计精准、有效的重要条件。

要做好教材分析的每一个方面。教师对教材的深入分析，应当涵盖教

① 罗英，徐文彬．教材分析的基本逻辑、实践向度与现实策略［J］．教育理论与实践，2024（8）：38-42.

材的重要性与功能、内容、教学中的关键和难点等方面。分析教材的重要性与功能对作业的定位具有参考意义，是必不可少的环节，能帮助教师明确作业在知识巩固、能力提升等方面的作用，让作业与教学紧密协同。分析教材的内容时，既要进行整体分析，也要开展微观分析。在整体分析时，教师要理出本节内容在整本书中的位置，以及与整本书的知识脉络的关系。例如，七年级上册第三单元“师长情谊”是对学习人际关系的交往和延伸，前两章分别是学生如何与自己、与同伴沟通和交往，同时也后接第四单元的学生如何对待生命，整本书都围绕着“生命成长”；要进行局部分析，分析知识点在整个单元中的位置、与其他知识的关系。例如，七年级上册第三单元第七课第二框“爱在家人间”，在整个单元中，继续延续着“爱”的主线，让学生能理解家人之间的爱。在进行微观分析时，要理清知识点与前后知识的关系。这关乎作业与教学过程的其他要素的联系。例如，“爱在家人间”在本节课中发挥着承前启后的作用，上接“家的意味”，后续“让家更美好”。分析教学的重难点以及突破方式，分析应该注意的问题，这关乎作业的重难点设置。例如，“爱在家人间”的重点和难点是学生能学会处理家人之间的冲突。只有这样，才能使教材分析更为准确。

## 三、作业目标重视学情，促进学生全面发展

通过学情分析，教师能更为精准地掌握学生的学习习惯、现有知识能力水平、作业兴趣等。基于此，教师可以因材施教，满足学生的不同作业需求，为学生量身定制个性化的作业计划。与此同时，教师还能通过学情反馈定位作业设计的薄弱环节，及时调整和改进作业内容和作业类型，提高作业设计的质量和效果，助力学生高效学习。就作业目标而言，学情分

析是实现发挥作业培育、评价和测量学生核心素养的重要条件，是实现学生全面发展的重要前提。有研究者认为，当前正处于课程改革的全面深化阶段，开展学情分析是服务于学生核心素养，更是提高教学有效性的核心与关键。[①]教师要注意收集学情，并用展开学情分析。只有精准把握学情，才能有的放矢地设计作业，为学生全面发展筑牢根基，让教育更具针对性与实效性。

教师可以通过以下多种途径收集学情，一是查询已有资料，例如成长记录袋、学籍档案、学生数据库等，从中能获取和收集学生的成绩、学习风格等基本信息。其中，成长记录袋的价值极大。它详细记录了学生的成长轨迹，是最能体现学生现有综合发展的证明材料，能为教师精准把握学情提供关键依据。二是积极与任教教师、班主任和学生展开深入交流，熟悉学生的行为特征、学习风格和学习习惯。教师之间分享教学心得，能洞悉学生在不同学科的表现差异；与学生直接沟通，可直观了解其行为特征、学习风格和习惯。这样可以全方位、立体式地认识学生，对班级整体学情和个体学情的把握也会更加客观、精准，为作业策略的差异化制定提供有力支撑。三是灵活运用线上线下相结合的方式开展问卷调查，以此获取评估学生的第一手资料。通过在线测验、学习平台、问卷调查等方式，获取的学生已有的学习表现和进展情况更为客观，借助在线测验、学习平台以及精心设计的问卷等途径，全面收集学生在学习过程中的表现数据，为后续教学决策提供坚实的数据依据。四是可以通过实际观察。课堂作业的完成度和学生的课堂表现，也是了解学情的重要途径。尤其是在完成课堂作业的过程中，观察学生在小组讨论和合作过程中，扮演的角色和贡

① 杨安宇，许立群．学情分析助力高效课堂［J］．中国教育学刊，2023（S2）：73-75.

献，可以了解本次课中作业的完成状况，为后续课堂作业的设计提供了参考。五是多了解学生对作业的看法。在日常教学里，教师要多与学生交流，了解他们对作业难度和数量的看法，精准掌握学生在作业完成过程中遇到的困难，以便及时调整作业安排，让作业更贴合学生实际需求。

教师要用好学情分析指导。借助前期收集整合的各类数据，能够精准洞察学生的学习风格。基于此，在规划作业目标实现路径时，表述出适合不同学习风格学生的作业目标设计，可以分析学生的学习态度、学习起点和学习背景。例如，在七年级上册第三单元“师长情谊”中，从小学升入初中，学生的身份与学习生活环境发生显著变化，不少人在心底深处尚未完全认同自己已是中学生。此时，社会对初中生提出了更高要求，生活范围也更为广泛。倘若他们没能顺利完成身份转变，仍以小学时的习惯与初中教师相处，就容易产生不适应感，觉得和新教师之间存在距离，情况严重的甚至会产生抵触情绪，这无疑会对学习和成长造成负面影响。本单元正是让学生正确认识人际交往中的各种关系，学会处理人际交往中产生的矛盾与冲突，增强能力。因此，教师用好学情分析，为因材施教提供坚实依据，让作业真正成为助力学生成长的有力工具。

## 第三节　完善核心素养培育内容：调整作业内容设计

核心素养的培养为作业内容的设计提供了明确的指引方向，而作业内容的设计又在很大程度上决定了学生核心素养的培育路径。在作业设计的过程中，教师应通过精心设计多样化的活动与任务，引导学生积极探索与核心素养紧密相关的主题和问题，从而促进学生在知识、技能与情感态度等方面的全面发展。根据新课程标准的要求，作业不仅是学生学习评价的重要手段之一，更是实现学生核心素养目标的重要途径。因此，教师在设计作业内容时，不仅需要确保作业内容与学生的日常生活紧密结合，创新作业形式，激发学生的学习兴趣，还应合理控制作业的难度和数量，以确保作业能够在促进学生学业进步的同时，发挥其应有的教育功能。

## 一、作业内容要生活化，聚焦社会真实生活

我国伟大的教育家陶行知曾提出“生活即教育”的主张，这一主张包含三层含义：一是人们在生活中接受教育，并将所学应用于生活；二是教育随着生活的变化而变化；三是指向终身教育。同时，根据马扎诺的教育目标分类理论，教师在设计作业时，要关注学生对作业的熟悉程度。美国学者布鲁纳也指出，“学习和思考永远都是置身在文化情境里，并且永远都需要依赖使用文化资源的”[①]。因此，设计生活化的作业内容，更贴合学生的实际生活与文化环境，能让学生把所学知识迁移到日常生活里，有效提升知识应用、实际操作等能力，这与核心素养的培育要求高度契合。这样的作业设计紧跟时代步伐，让学生更好地融入社会生活，也更容易与学生已有的生活经验和兴趣点产生共鸣，增添作业的趣味性与吸引力，充分调动学生完成作业的动力和积极性，助力学生成长。

同时，学生能够意识到个人学习与社会发展息息相关，在这一过程中，便会潜移默化地树立起终身学习的观念。也有研究者指出，真实的场景为抽象的知识注入了活力，而在设计作业时，我们考虑将问题放置在真实的环境中，尽量与学生的日常生活相结合，激发学生的认知能力，确保

---

① [美] 布鲁纳．布鲁纳教育文化观 [M]．宋文里，等，译．北京：首都师范大学出版社，2012：102.

学生与作业内容有深度的共鸣。[①]要实现作业内容生活化，教师需要聚焦社会真实生活和文化场景，其中涵盖学生的学校生活、家庭生活以及社会生活。

一是充分利用学生的学校生活资源。教师应从学生的实际生活出发，筛选合适的生活素材融入作业设计。例如，七年级上册第三单元第一课时“走进老师”，在设计课前作业时，可引导学生回顾以往的校园生活，比如让学生回忆曾经教过自己的老师的教学风格，或是印象深刻的具体事件。这样的设计紧密围绕学生的校园生活，能让学生提前感知本节课的主要内容，把实际生活与课堂知识相联系，实现核心素养的提前渗透。

二要充分挖掘并利用学生的社会生活资源。在引入这些资源时，可以融入生活化图片、漫画等素材，使作业内容更加丰富多元。虽然中学生的思维发展已逐步转向以抽象逻辑思维为主，但具体形象的描述依旧是不可或缺的辅助。展示生活化图像，能够帮助学生将已有的知识储备、生活经验与教材中的知识点紧密相连，从而有效促进他们抽象逻辑思维能力的发展。例如，七年级上册第三单元第二课时“师生之间”，在设计课中作业时，分析张桂梅老师身上具有的优秀品质时，可以将张桂梅老师的形象呈现出来，让学生对人物产生直观感受。这样一来，学生对张老师的事迹会有更深刻的触动，能更好地产生情感共鸣。这种设计巧妙聚焦学生的社会生活，搭起课本知识与现实生活的桥梁，让学生深切体会到知识并非孤立存在，而是与生活紧密相连，对培育学生的核心素养有着极大的促进作用。

三要善于挖掘并充分利用学生的家庭生活资源。例如，七年级上册第

---

① 朱文辉，石建欣，冀蒙.“双减”政策下作业设计的困境审视与思路转向［J］.教育学术月刊，2022（12）：74.

三单元第三课时“家的意味”，教师可以布置这样的作业：鼓励学生主动与家庭成员展开深入交流，一同回忆生活里的趣闻轶事。在这个过程中，学生不仅能真切感受到家庭生活中流淌的温馨与和谐，也能在交流互动中挖掘出许多鲜活、有趣的素材。这些素材为学生完成作业提供了丰富的内容支撑，使他们不再觉得作业枯燥乏味，极大提高其完成作业的积极性，切实实现核心素养的巩固提升。

## 二、作业内容要系统化，开展整体作业规划

教材是教育专家团队经过精心、系统化设计的知识载体，实现了对学生的系统化培养。从知识来源维度审视，初中《道德与法治》课程内容呈现出高度综合性，涉及政治、经济、法律等多个学科知识，知识边界相互交织、融会贯通。这一特性决定了《道德与法治》作业设计不能局限于单一视角，而必须秉持系统思维，将各学科知识串联整合，精准对接学生的认知水平与成长需求，构建起一个有机的作业体系。从知识编写体系上来说，教学内容以教学目标作为基础导向，以课程教材作为主要的教学载体，并以知识之间的内在联系作为基础思路，按照严格的逻辑结构进行组织和编写的知识体系。[①]核心素养培育的要求与教材本身的系统性，共同决定了作业内容的系统性不可或缺。系统性的作业内容设计，有助于学生更高效地掌握、巩固和提升所学知识，强化核心素养的整体性培育，避免重复、无效的作业，让学习效果切实提升。系统化设计的作业，还能将不同知识点有机串联，帮助学生拓展知识的深度与广度，加深对知识的理解

---

① 柯新凡．论思政课教师德法兼修教学的整体性［J］．思想政治课教学，2023（3）：81-85.

与认知，进而搭建起完善的知识体系。学生沿着精心设计的学习路径，分阶段、分步骤地实现学习目标，逐步开展分析、综合、创新等高阶思维活动，在不断实践中进一步提升知识应用能力，提高从容应对各类学习挑战的能力。

在进行具体规划时，要系统设计作业内容。一是要求教师进行整体构思。在设计作业内容时，全面考量各课时知识点之间的结构性、关联性等，才能降低机械性、重复性作业的出现频率，提升作业质量。例如，七年级上册第二单元“友谊的天空”，从整体架构而言，第四课的教学目标是引导学生正视自身对友谊的渴望，明晰朋友的重要作用，深刻理解朋友对自己的影响，第五课则聚焦于帮助学生掌握建立友谊的方法，同时学会辨别网上交友的利弊。整单元的知识呈层层递进之势，逻辑严谨、系统性极强。进行作业设计时，各课时的作业内容务必精准对应本课时的教材内容，做到相辅相成。二是关注课时作业。教师要格外关注课时作业之间的关联，从知识内容的连贯性出发，对重点、难点进行系统性巩固。这就要求在编排作业时，杜绝内容杂乱无章的情况，保证学生能够依照合理的学习顺序，循序渐进地掌握知识。例如，七年级上册第二单元第四课第一框“和朋友在一起”第一目，学生正视了对友谊的渴望，认识到朋友的重要性。在第二框的作业内容设计时，案例分析的材料对第一框的知识内容适当回顾。三是需科学统筹课时作业，高度重视单次作业内容的系统性。课前，精心设计前置性作业，引导学生自主预习，激发学习兴趣，为课堂学习筑牢根基；课中，巧妙安排与教学内容紧密契合的课时作业，让学生在实践中加深对知识的理解，助力课堂学习高效推进；课后合理规划课后作业。通过紧密关联三项作业内容，分别实现核心素养的有效渗透、扎实巩固和稳步提高，全方位提升学生的学习效果。

## 三、作业内容要分层化，实施作业内容分层

要合理把控作业难度与数量。作业的难易程度与学生的内驱力大小呈倒“U”形曲线。对学生来说，难度适宜的作业能够激发学生的内驱力，同时引领学生挑战自我，难度过高或过低都不利于学生内驱力的发挥，进而影响作业完成的质量。通过适当数量的练习能够让学生更深入地理解和掌握学到的知识，不断锤炼解决问题的能力，进而逐步提升核心素养。对教师而言，科学合理地把控作业数量与难度，是教学工作中的关键环节。这能充分保障教师有充裕的时间与精力投入到对作业的精心雕琢与设计中，从而大幅提高作业设计的质量。反之，若作业量过多、难度过高，教师不仅难以按时批改作业，也无暇细致答疑，会严重阻碍学生学习效果的提升。

在传统《道德与法治》的作业设计中，“一刀切”的现象非常严重。“一刀切”式的作业设计忽视学生认知情感的差异性需求，导致作业低效，优生吃不饱，“差生”吃不了。[①]要有效解决这一问题，关键在于深入开展分层作业设计。首先，精准把控作业整体难度是作业设计的关键。教师在进行作业设计时，不能以自身能力为衡量标准，而应依据学生群体的普遍认知水平。理想的作业难度应定位为学生需“跳一跳”才能完成，这种具有适度挑战性的作业，能够有效激发学生的探索欲望。正如维果茨基提出的“最近发展区”，将作业难度置于学生的最近发展区内，并寻找处于最佳水平的作业难度。学生在完成作业的过程中，成功解决一道道难题，就

① 张黎．“双减”背景下的作业生态化设计研究［J］．当代教育科学，2022（4）：61-71.

能体验到成功带来的欣喜。学生会不断增强自我效能感，真切感受到自身能力的提升，进而彻底点燃对学习的无限热忱。然后，要细致设计分层作业。分层作业设计指的是在尊重学生个体差异的基础上，根据学生的个性、认知水平和学习能力的差异进行分类，由此构建出极具针对性的作业结构。布置分层作业时，根据不同难度梯度划分作业层级，可以为学生提供多样化选择。这让不同学习水平的学生都能精准匹配适合自己的任务，在作业选择中掌握更多话语权，充分满足个性化学习需求。“分层作业对教师作业设计水平提出了高要求，教师需花费大量时间进行分层作业设计。”[①]学有余力的学生，可以挑战高难度作业，在深度探索知识的过程中实现自我突破；学力稍显不足的学生，可以选择低难度的作业，循序渐进巩固基础。同时，教师应当重点关注学生的个性特点、实际生活经历等内容，充分考量学生的兴趣与需求，精心筛选、设计作业类型，确保作业不仅贴合教学目标，还能最大程度激发学生的学习积极性，让每个学生都能在作业练习中有所收获。最后，至关重要的是积极引导学生正确选择分层作业。受到心理特征和年龄限制，初中阶段的学生看待问题时往往具有片面性。在选择作业数量和难度时，他们很可能因自身认知局限而出现判断偏差，难以精准匹配适合自己的作业。此时，教师的引导就显得尤为关键。教师应凭借丰富的专业经验和对学生的深入了解，为学生答疑解惑，帮助他们做出科学合理的选择，让作业切实成为提升学习能力的有力工具。

---

① 姜雨晴，张学波，林书兵，等. 数据赋能作业减负：内在逻辑、现实困境与实践路向［J］. 中国教育学刊，2024（1）：25-30.

## 第四节　扩宽核心素养培育途径：增加作业类型设计

本节将从学生完成作业的时间维度出发，对作业进行细致划分，具体包括课前作业、课中作业和课后作业三大类别。这一划分旨在揭示不同时间阶段作业在学生学习过程中的功能与作用。为了进一步提高作业分类的科学性与全面性，本节还借鉴了王月芬博士提出的相关标准，结合学生完成作业的方式，将作业进一步区分为书面类作业与操作类作业。书面类作业聚焦于学生对知识的书面表达与逻辑梳理，操作类作业则着重锻炼学生的实践动手能力与问题解决能力，二者相辅相成，共同服务于学生的全面发展与学习成长。

### 一、坚持优化书面类、操作类作业

书面类作业不仅包含了传统的常规形式，如选择题、填空题和简答题等，也涵盖了书面开放题、跨学科类、整理类等作业。在作业设计过程中，应当考虑保留常规的作业形式并对其进行优化，让其与新型作业优势互补，共同构建科学高效的作业体系。核心素养下的作业设计并不是对传统作业的完全否定，而是在传承基础上的创新改进。

在当前的教育实践中，书面类作业仍然是最为普遍和广泛采用的作业形式，且被视为评估学生学术水平和学习成果的重要工具。若想进一步优化书面类作业，可从以下几个关键方面着力：一是增加书面开放题。这类作业的显著特点在于“答案并不唯一”，能充分激发学生的创新思维，培养其自主探索精神。教师在进行作业设置时，可以布置如撰写小论文、设

计计划方案等任务，不过多限制答案，鼓励学生自由发挥。例如，在上七年级上册第一课“中学序曲”课时，要求学生围绕自己的梦想，创作一篇200字左右的小论文。在这个过程中，学生不需要拘泥于固定的格式与观点，能够尽情阐述自己对梦想的理解、梦想的来源以及为实现梦想的初步规划。二是设计跨学科作业。“跨学科作业就是学习者充分利用多学科知识，对问题进行分析和解决的过程。”[①]其显著特点为知识的整合性、形式的丰富性以及功能的多样性。教师在布置作业时，可考虑与历史、语文、地理等学科进行融合。以七年级上册第一课“中学序曲”为例，可以设置具体任务：让学生收集并撰写三个历史人物有关梦想的故事，或者探寻本地区与梦想相关的著名人物事迹。在完成作业的过程中，学生实现了学科间的交叉融合，同时也拓宽和深化了对梦想的认知。三是优化整理类作业设计。教师可设计制作一节课的思维导图，或单元知识梳理等作业任务，引导学生自主整理知识。以七年级上册第一课“中学序曲”为例，课程结束后，教师可以布置作业，让学生绘制本单元思维导图。绘制过程中，学生需要系统梳理所学知识，厘清各知识点间的关联，这不仅能有效提升学生的归纳总结能力，还能锻炼他们的逻辑思维能力。

操作类作业丰富多元，涵盖听说类、动手操作类、社会实践类与合作类，高度契合学生的心理特点，精准把握学生的兴趣点。首先是听说类作业，除了传统的朗读、背诵课本内容，还创新增设了观看时政新闻、电影等新颖形式，帮助学生突破课本的局限，拓宽视野，深入生活情境，全方位提升综合素养。以九年级上册第二单元“民主与法治”为例，教师可精心设计多样化的听说类作业。比如，布置“朗读或背诵本课知识点，并完

① 张辉蓉，王静.“双减”背景下小学跨学科作业的重要价值与设计程序［J］.教育与教学研究，2023，37（12）：40-50.

成打卡”的作业，通过朗读与背诵，强化学生对民主与法治相关概念的记忆和理解。同时，还可设置“观看近期法治类新闻，并以视频形式分享感悟”或者安排“观看一部关于中国法治建设的电影”等观看时政新闻及影视资料的作业，从多维度激发学生的学习兴趣，促进其综合素养的提升。其次是动手操作类作业，可设置长期观察记录、家务劳动等。以七年级上册第三单元“师长情谊”为例，教师设置“请你完成一项家务劳动”的作业。通过参与生活化的家务劳动，学生不仅能够有效锻炼生活实践能力，还能让学生真切体会到父母平日里的辛勤付出，增进对家人的理解与感恩，进而深刻领悟“师长情谊”中关于亲情的内涵。正如学者钟启泉所言，“知识的习得与巩固单靠活动与讨论也是不能实现的，需要通过运用知识、表达知识，才是知识的习得与巩固的有效方法”[①]。因而，社会实践类作业十分必要。这种类型的作业涉及校园服务、社区服务、社会实践活动，以及参观各类博物馆、遗址等。这类作业旨在让学生走进社会，体验社会生活，培养社会责任感，为未来融入社会做好充分准备。例如，在八年级第三单元“勇敢承担社会责任”的作业设计中，可以安排学生完成一项社会服务，如到社区宣传垃圾分类环保知识等。

最后是合作类作业，作业完成主体为团队。设计合作类作业时，应注重问题的开放性和讨论价值，引导学生深入思考，充分发挥团队协作优势。目前，合作类作业在作业设计中占比较少，不利于学生团队协作能力的锻炼与提升。以七年级上册第三单元“师长情谊”为例，安排学生分组讨论“我最敬佩的教师”这一话题，分享各自的看法和感受。这种作业能引发学生之间的思维碰撞，让不同观点相互交织，锻炼学生的社交能力，

① 钟启泉．基于核心素养的课程发展：挑战与课题［J］．全球教育展望，2016，45（01）：19.

使学生在交流磨合中学会倾听、表达与协调，提升团队协作能力。

## 二、系统性设计课前、课中、课后作业

按照作业开展时间划分，可将作业分为前置作业、课堂作业与课后作业三大类型。前置性作业是正式教学前，学生自主开展的作业任务。它能帮助学生预先认知知识，主动生成理解，为课堂学习筑牢基础，提升学习效率。课堂作业，指的是教师在完成新的课程内容后，为班级学生设计的，结合知识练习、心理训练和团队合作探索的课堂任务。[①]课后作业，是在课程结束后布置给学生的学习任务，旨在巩固课堂所学知识，帮助学生加深对知识点的理解与运用，促进知识的内化和能力的提升。前置作业有助于核心素养的深入渗透，课时作业有助于培养核心素养，课后作业有助于强化核心素养。

前置作业为核心素养的渗透提供了有效途径。前置性作业巧妙融入教学流程，为核心素养的全方位渗透开辟新路径。在传统课堂中，时间紧张常常限制了教学的深度与广度，而前置作业的出现打破了这一困境。它能有效破解课堂教学时间紧张的难题，让学生在课前自主探索知识，带着思考和疑问进入课堂。这不仅能让学生深度参与课堂互动，更能提升学习效率，促进知识的吸收与内化，让学生在自主探索中实现素养进阶。例如，七年级上册第三单元第六课第一框“走进老师”，教师可以布置这样的前置作业：让学生采访自己的老师并制作对比卡，或者回忆自己不同科目、时代的老师并制作对比卡。在完成作业的过程中，学生通过回忆、对比和

① 袁小梅，刘奕．道德与法治课堂活动作业的设计与实施［J］．思想政治课教学，2023（3）：24-27.

分享与不同老师的相处经历，提前感知本课时的重点内容，这有助于他们更好地理解核心知识点，领悟并传承尊重教师的传统美德，认同教师职业所蕴含的价值观。长此以往，尊重老师的道德品质将在学生心中潜移默化地生根发芽，实现核心素养的全方位提升。

课堂作业是培育学生核心素养的重要途径。课堂作业是教学进程中极为关键的一环，更是培育学生核心素养的重要路径，与课堂活动在形式、目标和功能上有着本质区别。课堂活动建立在学生已有的经验之上，由教师组织开展，像观察、讨论、模拟等活动，目的在于激发学生学习兴趣，引导学生主动探索知识。而课堂作业则是在新课讲授结束后，以结构化的形式呈现，着重考查学生对新知识的掌握程度与运用能力。在完成课中作业的过程中，学生要充分调动本节课所学习的一系列知识，解决作业情境中出现的问题，既巩固了本节课所学的内容，也扩充了学习经验。这与初中《道德与法治》核心素养培育要求一致。因此，课堂作业有利于核心素养的培育。例如，七年级上册第三单元第五课第二框“师生交往”，当完成该课教学内容后，教师提供一个“拟真的”师生交往产生冲突的案例，要求学生分组合作，任务是撰写一封200字以内的小短信，收信对象为案例里和老师起冲突的同学。学生在完成这份课中作业的过程中，不仅巩固了课堂所学知识点，还能将其灵活运用到实际情境中，这一过程充分契合了学生核心素养培育的要求，也凸显了课堂作业在教学实践中的独特价值。

课后作业是巩固学生核心素养的关键抓手。受到的时间和空间限制，有时很多教学活动都无法正常开展。无奈之下，课堂只能以教师讲授为主，学生难以参与到丰富多样的学习活动中，深度学习更是难以实现，这就导致教学难以精准满足学生的实际学习需求。然而，课后作业能在很大程度上弥补了这些短板。课后作业专注于引导结果的流程，将作业

的各个要素进行分解，以科学的方式观察学生是如何通过情境驱动来学习学科知识和参与学科认知活动的，从而培养他们的学科核心素养。[①]课后作业能助力学生开展深度学习，还具有不容忽视的社会意义。教师在完成该课内容讲授后，精心设计了丰富多元的课后作业。作业题型涵盖了选择题、填空题，用以夯实学生对基础知识的记忆；还有案例分析题，着重考查学生的知识运用与分析能力。通过这些形式多样的作业，学生拥有了充足的机会，将课堂所学知识运用到实际情境之中，切实巩固了本节课旨在培育的核心素养。因此，课后作业可以实现核心素养的巩固与生活实践化。

## 三、组合多种作业，落实多样作业设计

书面类作业与操作类作业之间，以及课前、课中、课后不同时段的作业，彼此并非界限分明、彼此孤立。相反，它们能够有机融合、协同运用。将它们有机组合运用，能够循序渐进地实现核心素养从渗透、培育到巩固的一体化发展，全方位助力学生综合素养的提升。事实上，课前、课中与课后作业，均由书面类和操作类作业共同构成。在教学实践中，若仅设计单一类型作业，不少学生的能力将被忽视，特长也难以施展。而多样化作业不仅能有效化解这一难题，还能为学生的学习过程增添乐趣，充分激发他们的学习兴趣与积极性。多样化作业还能让学生更主动地参与学习，可以使学生更主动、更愿意参与到学习中来。在完成各种类型的作业过程中，掌握不同的学习方法和策略，培养自主学习和持续学习的意识和

① 邹寅斐．新结构课后作业的优化设计［J］．思想政治课教学，2023（2）：33-37.

能力，这对于学生未来的学习和发展至关重要。

多元智能理论认为，不同的学生有不同的特长，每位学生都有其独特的学习需求和技能水平。为契合这些差异，教师可设计多元类型作业，这既能落实个性化教育，激发学生作业兴趣，又进一步提高他们的学习效果。例如，有的学生喜欢阅读类的作业；有的学生喜欢合作类的作业；有的学生言语语言智力比较强，适合设计辩论、写作、收集整理等类型的作业；有的学生数理逻辑智力比较强，适合设计比较、计算、测量、推论等类型的作业。“落实多样化的作业设计，有助于提高学生的兴趣，减轻学生的作业疲惫感。”[①]通过不同类型的作业，可以让学生接触到不同的技能，从而激发他们的学习兴趣。如将操作类作业中的听说作业和书面开放作业结合，在七年级上册第一课“中学序曲”设置作业时，课前可以让学生观看一部有关梦想的电影，并写出200字的小感想，课中可以组织学生探究中学生进入初中产生不适应表现的情境，课后可以设置选择题、案例分析题和让学生观看一部有关初中生活的电影并撰写感想等。多样化作业类型能把“被动学习”转化为“主动学习”，扩宽了核心素养的培育途径。同时，多元化的作业模式也满足了“双减”政策中“鼓励分层、灵活和个性化作业”的指导原则。

## 第五节　落实核心素养培育评价：多元作业评价设计

在初中《道德与法治》课程中，作业评价要“指向核心素养，基于核

① 夏雪梅．作业设计：基于学生心理机制的学习反馈［M］．北京：教育科学出版社，2014：10.

心素养，开展综合素质评价，发挥评价的引导作用”[①]。及时、有效的作业评价反馈不仅能够帮助学生解答学习中的疑难问题，解锁认知障碍，还能在激发学生学习兴趣和热情方面发挥重要作用，推动核心素养的培养向实质性落地转化。与此同时，教师通过作业评价反馈，能够全面深入地了解学生在各项素养方面的掌握情况与成长轨迹，以便更加有的放矢地对学生实施后续的教育引导。这一过程不仅促进了学生的个性化发展，也进一步增强了教育过程中的适应性和针对性。

## 一、明确作业评价标准，指向核心素养培育

明确的评价标准是提高评价质量的重要条件。只有运用科学、客观且有效的评估准则，才能对学生作业展开公正、精准的评价，继而精准洞悉学生的知识短板与核心素养的发展状况，为后续教学提供强有力依据。当下，作业评价标准过多地注重量化评价，只注重学生作业成果与标准答案的契合度，评价维度单一。与此同时，传统的评价标准并不突出对学生个性的评价。伴随着教育理念的革新，学生个性化发展需求逐渐突出，作业类型日益多元，以核心素养为核心的作业目标不断提出，这些都对评价标准有了更高层次的要求。在核心素养视角下作业评价标准要向多样化方向发展，这样才能贴合学生的个性化发展，适配丰富多样的作业类型，精准对接作业目标设计，对学生的核心素养进行全方位培育，使教育能够真正回归到育人本质上来，助力学生全面成长。

评价标准要适应学生的个性化发展。教师在教学中应以开放和宽容的

---

① 冯建军．义务教育道德与法治课程理念［J］．课程·教材·教法，2022，42（6）：20-28.

心态使评价标准适应学生个性化发展。根据不同学生特点建构多元化评价标准；根据不同作业类型设计差异化评价标准。与此同时，作业设计目标应紧扣核心素养，有效促进学生的全面发展。科学合理的评价标准是助力学生个性化发展的关键，而片面、偏颇的作业评估准则，已经成为学生全面素质成长的障碍，亟待更新完善。多元、弹性地组织作业评价，可以促进学生素养的个性化、特色化发展。[①]这就要求教师秉持开放包容的思维，以敏锐的眼光接纳学生在作业里闪现的灵感创造，格外留意他们那些与众不同的表现。学生的个性化学习需求丰富多样，为了能全方位、深层次地满足这些需求，我们必须突破单一标准的局限，精心制定多元化的评价尺度，从根本上尊重学生之间的个性差异，让教育真正做到因材施教。重点强调与学生本身相比以往进步幅度的大小，准确地考虑本作业对所有学生水平层次的影响，不仅要密切注意学习成果达成的程度，还必须综合关注学生做作业时的态度和方式等方面的表现情况。同时，由于作业类型具有多样性，这也对作业评价标准提出了新的挑战和要求，不同种类的作业评价标准存在明显的差异。例如，合作类作业，要注重学生在小组合作过程中的表现，考察其对小组作业成果的贡献度；书面整理类作业，更注重考察知识框架和知识逻辑。在知识型、能力型和实践型的作业评估中，构建作业成果的评价、跨学科作业设计的效能增值分层评估，以及作业设计与执行的过程效能评估和学生的心理效能增值评估等具体的指导方法。[②]同时，在制定作业目标的评分标准时，我们必须始终遵循这一原则，并确保

① 刘志军，李颖．从知识导向到素养立意：生成论视域下的作业评价变革［J］．宁波大学学报（教育科学版），2024，46（1）：1-8.

② 罗生全，陈卓，张熙．基于增值评价的学生作业设计价值向度及优化策略［J］．中国教育科学（中英文），2022，5（4）：83-93.

针对特定核心素养的作业评估与核心素养的表现紧密相连。[①]此外，作业评价标准应当与核心素养培育目标精准对标、高度契合。这就要求教师在设计作业评价标准时，充分考量学生的个体差异，全面且细致地体现出不同学习水平的学生在核心素养涵盖的五个维度上的发展状况，以便精准评估学生的学习成效，为教学改进提供有力依据。

## 二、采用多样评价方式，促进学生多元发展

根据新课程标准的要求，在作业评价过程中，使用创新、有效的批改方式，对学生核心素养的培育能起到极为关键的作用。教师针对不同作业类型量身定制评价方式，能更精准地关注学生个体差异性，挖掘学生特长，从而间接地激发学生的想象力与创造力。当学生通过此种评估方法观察到自己的实际进步时，他们的学习自信会得到提升，对学习的热情也会逐渐增强，从而形成一个积极的学习循环。采用多样化的评价方式，能够契合不同学生对作业评价的多元需求，是落实个性化教育的重要途径。在日常教学中，教师不经意间的一个肯定眼神、一句暖心鼓励、一次意外发现后的表扬，都可能蕴含着巨大价值。这些都有可能成为激发学生内在潜能的重要手段，引导他们逐渐实现自我成长和转变。

多样化的批改方式，涵盖书面评价、当面评价以及借助现代技术手段开展的评价。书面评价是一种非常有效的方式，可以让我们更深入地认识到学生作业的优点和长处。在当前以书面批改为主的大环境下，除了对作业的正误进行判定，还可以适当地增添一些批改形式，比如在批改过程中

① 赵德成．什么样的作业是好作业：作业设计新理念［J］．课程·教材·教法，2023，43（6）：45-53.

圈出学生的错题；可以将学生作业划分不同级别；也可以写几句鼓励学生的话，如“老师相信你一定能做得更好”等。当面批改作业，也就是当面评价，能更精准地对学生进行点拨指导，更加精准和有针对性地帮助学生查找问题、优化学习方法，高效提升学习效率。面对不同层次的学生和作业中存在的不同问题，要采用不同的批改方式，尤其是面对作业问题比较突出的学生，当面批改可以更加精准地对学生进行点拨和指导。“与学生当面进行沟通，以温情的语言表达实现师生之间的心灵交融。”[①]同时，实践类作业应当重视面对面的过程指导，并通过口头交流和成果分享等多种方式给予反馈，以促进学生的可持续发展。现代化工具实现技术赋能，教师通过电子平台可以详细了解每个学生在每道题目上花费的时间，对学生长期作业发展状况进行动态追踪，也可以更直观地对比每个学生作业数据，并据此掌握学生的核心素养发展状况。基于这些详尽的数据，教师得以洞察学生核心素养的发展态势，进而灵活调整后续作业内容与难度，更顺畅地推进个性化作业设计与实施，满足每个学生的独特学习需求。

## 三、丰富多元评价主体，多方协同达成育人

“作业评价不仅是一种评判，更是教师和学生情感交流的桥梁。”[②]作业评价要以教师的评价为主导，整合学生的评价、学生之间的相互评价、家长的参与评价以及面向大众的评价等多个方面，有利于让多方参与进学生的作业评价，克服时间和空间上的因素，通过线上线下融合、即时与延

① 周露露，任强．家庭作业的伦理尺度、偏向与调适［J］．教育理论与实践，2024，44（5）：56-60.

② 李臣之，张潇云．论“双减”背景下高质量作业设计［J］．教育科学研究，2023（3）：55-61.

时结合等方式，汇聚数据，最终实现评价的可视化呈现，从而获得对学生核心素养发展状况更全面、更准确的认识，避免作业评价的片面性和局限性。

教师评价在作业评价体系中，具备显著的专业性优势。凭借深厚的专业知识与丰富的教学经验，教师评价不仅能够精准洞察学生的发展状况，为因材施教筑牢根基，还能为后续教学策略的优化提供有力支撑。学生自我评价，就是学生对自己在作业过程中的表现和作业成果的评价。学生自我评价聚焦于学生对自身在作业完成过程中的表现，以及最终产出的作业成果进行审视与评判。这一过程帮助学生强化了自我认知、养成了反思和总结学习的习惯，进而推动了自身学习能力提高。自我评价，更为直接和真实，因为学生对自己的学习状况有着最深入的了解。学生互评，比较适用于合作类互评与学生作业成果互评。一是适用于评价合作类作业，学生评价彼此在作业过程中的表现，可以通过作业评价表进行，清晰呈现小组内同学对自己作业贡献度的评级。二是学生作业之间的评价，可以让学生发现自己与他人作业之间存在的差距。家长参与评价，更适合用于前置作业评价和课后作业评价，学生完成作业的时间很多都位于家庭之中，家长对学生长期的作业完成情况也更清楚。家长的评价有助于教师建立起对学生更全面、更深入的了解，从而更好地对学生的作业进行评价。面向公众评价，是将学生的作品呈现在公共场合和网络环境中，比如公众号和学校公告栏。这种评价方式的独特优势在于评价主体数量众多，来源广泛，能提供多元视角与丰富反馈。公众基于各自的阅历、认知和审美，给出的评价可以打破校内评价的局限性，从更广阔的社会视角审视学生的作品，让学生接触到更全面的意见。

以上几种评价主体，都有各自的优势和价值，它们从不同维度切入，为学生作业评价提供了全面、立体的反馈。教师通过整合这些多元视角的评价信息，能够深入洞悉学生在作业完成过程中的细节表现，精准把握学生知识掌握程度、思维能力水平以及实践创新能力，从而更好地落实核心素养教育。因此“多种评价方式，为学生提供全面和多角度的反馈，助力他们的成长”①。与此同时，这些多元评价方式搭建起一座沟通的桥梁，紧密连接起学校、教师、家长与学生。各方在评价过程中深度参与，充分发挥自身优势，贡献力量。

① 袁野，袁文，黄梅. 整合理念下高质量作业设计的逻辑理路和实践进路［J］. 基础教育，2022，19（6）：99-109.

# 第四章　核心素养视角下初中《道德与法治》作业设计案例

## 第一节　作业设计过程

### 一、确定基本信息

<table>
<tr><td rowspan="2">基本信息</td><td>学科</td><td>年级</td><td>学期</td><td>教材版本</td><td>单元名称</td></tr>
<tr><td>道德与法治</td><td>七年级</td><td>第一学期</td><td>部编版</td><td>师长情谊</td></tr>
<tr><td>组织方式</td><td colspan="5">自然单元 ☑　重组单元 □</td></tr>
<tr><td rowspan="5">课时信息</td><td colspan="2">第1课时：走进老师</td><td colspan="3">第六课第一框</td></tr>
<tr><td colspan="2">第2课时：师生交往</td><td colspan="3">第六课第二框</td></tr>
<tr><td colspan="2">第3课时：家的意味</td><td colspan="3">第六课第三框</td></tr>
<tr><td colspan="2">第4课时：爱在家人间</td><td colspan="3">第七课第一框</td></tr>
<tr><td colspan="2">第5课时：让家更美好</td><td colspan="3">第七课第二框</td></tr>
</table>

## 二、确定作业目标

### （一）课标要求

从政治认同方面来说，学生能厚植家国情怀，对家庭有深厚的情感。学生能理解并继承尊师和孝敬父母、长辈的中华优秀传统文化和传统美德，将其融入到日常言行中。在道德修养方面，学生能感受教师教育、父母养育与长辈关爱，能够以感恩之心与师长沟通交流，能够主动理解教师和父母，尝试在日常生活中为他们排忧解难，将感恩化作实际行动。在法治观念方面，要引导学生全面了解以民法典为代表、紧密贴合日常生活的常用法律，牢固树立权利与义务相统一的核心观念，持续强化守法用法意识，切实做到学以致用。在健全人格方面，学生掌握换位思考的能力，能够换位思考，学会处理与家庭、他人的关系。善于倾听他人意见，不盲目排斥，进行自我改进，不断完善自身。在责任意识方面，通过提高对家庭和谐重要性的认识，增强共建共创共享美好家庭的意识，自觉分担家庭责任，具有较强的责任感。

### （二）教材分析

整体分析。人际交往贯穿人的一生，对初中生来说，学会与他人积极互动、友好往来，是他们在成长过程中保持身心健康、顺利度过初中阶段的重要基础。统观七年级上册教材，全书共设四个单元，紧紧围绕“生命成长”这一核心，涵盖学生与自我、同伴、师长的沟通交往，以及正确对待生命等关键议题。历经前两个单元的学习，学生已初步领会了处理人际关系的知识，掌握了与自我、同伴相处的技巧。第三单元着眼于学生的日常生活，重点聚焦师生关系、亲子关系和家庭关系。老师和父母作为学生成长路上的重要见证者，构建和谐的师生、亲子关系，不仅是学生日常生

活的重要组成部分，更是他们人际交往学习的延续与拓展，对其身心健康发展意义深远。

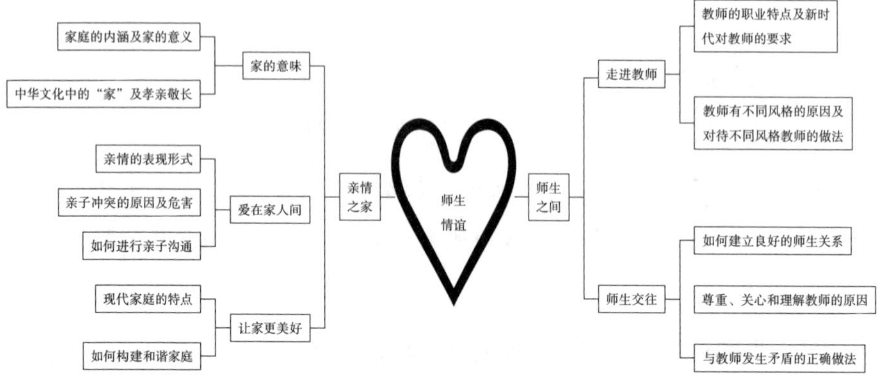


**图 4–1　第三单元的整体架构**

内容逻辑。第六课设有两框，分别是“走进老师”和“师生交往”。“走进老师”展现了教师的职业特点、新时代对教师的要求、教师具有不同风格的原因以及对待不同风格教师的做法。“师生交往”从教学相长的角度出发，论述了如何建立良好的师生关系，指出了尊重、关心和理解教师的原因，提出了师生发生分歧的解决办法。本课侧重于从多层面、多角度引导学生认识教师这一职业群体，更好地理解身边的教师，处理师生关系。第七课设有三框，分别是“家的意味”“爱在家人间”和“让家更美好”。“家的意味”介绍了家庭的内涵及其在学生成长中发挥的作用，让学生了解中华文化中“家”的意味。“爱在家人间”围绕着家庭中亲情的表现形式、冲突碰撞与沟通。“让家更美好”引导学生了解现代家庭的特点，学会构建和谐家庭。从整体架构审视，本单元将“爱”融入各个板块，借助课本案例，让学生在互动体验中触摸爱的温度，在深度思考中洞悉爱的真谛，在实际行动中传递爱的力量，实现了爱的升华。

知识分析。本单元内容深度融合尊师重道、孝亲爱长这些中华传统美德，紧密关联社会主义核心价值观，从家国情怀、个人品德等层面，彰显出鲜明且正向的价值导向性。同时，着重凸显现代教师的职业特性，如多元知识储备、创新教学理念等，以及现代家庭在结构、关系上的特点，极具时代感，与学生的现实生活紧密相连，能切实引发学生的共鸣与思考。

### （三）学情分析

从小学步入初中，学生们经历着身份与学习生活环境的巨大更迭。很多学生还未在心底真正认可自己中学生的身份，而社会对初中生的要求却比小学生严苛许多，生活范围也愈发广泛。一些学生依旧以小学时的习惯和初中老师相处，由此产生适应难题，觉得和新老师有距离，极端情况下甚至会抵触。在当代中学生群体里，独生子女占比相当高，他们是家庭的核心，备受父母、长辈的关爱。适度的爱能滋养学生健康成长，可一旦过度宠爱，甚至演变成溺爱，就会阻碍学生发展，让他们不懂感恩，不懂得关心家人。本单元的学习，恰是解决这些问题的关键。它能帮助学生深入剖析、正确认识人际交往中的复杂关系，学会用巧妙的方式化解矛盾冲突，全方位提升社交能力，助力他们平稳、顺利地度过这一重要成长阶段，更好地适应初中生活，为未来发展筑牢根基。

## 三、确定作业内容

坚持作业内容生活化。本单元内容紧密贴近学生家庭生活，着重围绕两大关键点展开：一是引导学生掌握与教师相处的方法，学会理解与尊重教师；二是助力学生学会与家人和谐共处。课本素材源自日常，作业设计也应深度关联校园与家庭场景。在设计“师生之间”作业时，不妨让学生采访教师，了解相关法律，增进对教师的理解与敬重，主动构建良好师生关系。设计“亲情之爱”作业时，可引导学生回顾与父母的冲突及解决办法，鼓励他们积极参与家务，增强家庭责任感，以实际行动营造和谐美满

的家庭氛围。

坚持作业内容系统化。在作业设计过程中，始终将作业内容的系统化放在关键位置。严格依照单元体系内在逻辑，由浅入深、循序渐进地铺陈开来，着重把知识的深度掌握与能力的高效提升紧密融合，全方位覆盖单元知识点，强化前后呼应，淋漓尽致地展现单元内容的丰富层次与紧密联系。“爱”作为核心主题贯穿本单元，从师生之爱自然过渡到家人之爱，从师生相处的探讨延伸至家人间的互动，从知识层面的理解深化为实际行动的落实。作业设计时，既要对前面“走进老师”和“师生交往”的内容进行扼要回顾，夯实已有的核心素养；又要保持课前、课时、课后作业的连贯性与系统性，确保核心素养的有效渗透、悉心培育与持续巩固。

坚持作业内容分层化。在作业设计环节，着重凸显作业内容的分层

**作业内容分布表**

| 类型＼课时 | | 第一课时 | 第二课时 | 第三课时 | 第四课时 | 第五课时 |
|---|---|---|---|---|---|---|
| 前置作业 | | 制作教师对比卡 | 收集故事或条文 | 完成采访 | 搜寻家的身影 | 制作对比图 |
| 课时作业 | | 1个选择题<br>1个小组合作 | 1个情景分析<br>1个演讲提纲 | 1个小组合作<br>1个绘画活动 | 1个小组合作 | 2个选择题 |
| 课后作业 | 基础型 | 3个选择题<br>2个填空题 | 3个选择题 | 3个选择题 | 2个选择题<br>1个填空题 | 2个选择题 |
| | 提升型 | 1个分析题 | 1个分析题 | 1个分析题 | 1个分析题 | 1个思维导图 |
| | 实践型（任选一个） | 1. 看电影写感想<br>2. 制作教师回忆录 | 体验活动 | 家务实践活动 | 1. 写信活动<br>2. 制作奖品 | 视频拍摄 |

化。就本课时而言，整体作业难度处于较为基础的水平，旨在确保全体学生都能顺利上手。然而，考虑到学生的能力存在差异，为适配不同层次学生的学习需求，在课后作业板块精心设计了必做与选做部分。必做作业夯实基础，选做作业则为学有余力的学生提供拓展空间，满足学生多元化需求。此外，在布置作业时，充分参考学生上次作业完成后的反馈与建议，有针对性地进行指导，助力学生更好地完成作业，实现学习能力的提升。

## 四、确定作业类型

初中《道德与法治》作业设计，必须精准对标核心素养要求。前置作业宜设定为实践类，比如让学生为家人做一件力所能及的小事并记录感受，以此为课堂的顺利推进打下基础，激发学生对家人的深厚情感，从而更高效地接纳新知识。课时作业受时间与空间的局限，设置了选择题和分析题，还有简短的小组合作，选择题锻炼学生独立思考，分析题增强学生的知识迁移与应用能力，小组合作培养学生的合作探究能力，实现全面培养核心素养的目标。课后作业类型丰富多样，涵盖单选题、分析题和实践类作业，旨在全方位巩固学生在课堂上所培育的核心素养，

助力学生知识与能力的全面提升。作业设计聚焦学生全方位成长，要求学生提笔作答巩固知识，动手实践锻炼能力，动口交流碰撞思维，动心感悟升华情感，强化知识在实际生活中的运用，实现知行合一。

## 五、确定作业评价

本次作业精心设计，涵盖实践类活动与书面类作业，内容紧密贴合生活实际，十分适宜采用学生相互评价、学生自我评价、家长评价以及教师

评价相结合的多元评价模式。前置作业重点关注作业质量与核心素养培育，通过学生互评、自评以及教师评价，激发学生主动性，提升作业完成水平。课中作业聚焦学生在课堂小组合作中的表现，利用三方评价促进学生合作交流，增强团队协作能力。课后作业旨在巩固学生核心素养，教师、家长、学生共同参与评价，从多维度给予反馈，助力学生全面成长。

**前置作业评价表**

| 评价主体 | 评价内容 | 评价等级 |
| --- | --- | --- |
| 学生互评 | 作业比较有创意 | |
| | 符合作业要求 | |
| 自我评价 | 及时完成作业 | |
| | 感悟家人对自己的爱 | |
| 教师评价 | 掌握必备知识，知行紧密结合 | |
| | 巧于归纳贯通，提升关键能力 | |
| | 增强责任意识，勇挑使命重担 | |
| | 厚植道德根基，塑造健全人格 | |
| 总体评价 | | |

**课时、课后作业评价表**

| 评价主体 | 评价内容 | 评价等级 |
| --- | --- | --- |
| 学生互评 | 有小组合作意识 | |
| | 能分析、概括有效信息 | |
| | 能运用所学知识解决问题 | |
| | 能积极发表自己的观点、看法 | |
| 自我评价 | 和上次小组合作相比有进步 | |
| | 能运用所学知识解决问题 | |

续表

| 评价主体 | 评价内容 | 评价等级 |
|---|---|---|
| 教师评价 | 掌握必备知识，理论联系实际 | |
| | 提升关键能力，善于思考整合 | |
| | 增强责任意识，勇于担当使命 | |
| | 塑造健全人格，提升道德修养 | |
| 总体评价 | | |

# 第二节　作业设计案例

## 第一课时：走进老师

| 作业目标 | 学生在政治认同、道德修养、法治观念、健全人格和责任意识等方面达成的目标应该如下：<br>1. 学生能认识到老师在国家和社会中的重要地位，感受教师职业的崇高性，从而在内心深处增强对教师职业的尊重意识。<br>2. 学生能分析理解不同教师之间的不同风格，发展批判性思维。<br>3. 学生能了解教师的职业特点，学会接纳不同风格的教师，掌握与不同风格教师相处的方法。 |
|---|---|
| 作业功能 | ☑ 感知体验　☑ 习题演练　☑ 生活拓展 |
| 作业类型 | ☑ 前置作业　☑ 课中作业　☑ 课后作业 |

## 一、前置作业

教师信息卡

姓名：________________

性别：________________

教授科目：________________

教学风格：________________

印象事件：________________

________________

同学们，大家在求学生涯中一定遇到过许多风格各异的老师。现在，请大家回忆自己最为熟悉的至少两位老师，制作一张别具一格的教师对比卡。在制作时，需要从老师的性别、教授科目、教学风格，以及令你印象最为深刻的一件小事等方面进行对比。大家可以采用画表格、图文搭配等方式，也可以发挥创意，用自己喜欢的独特形式呈现，只要保证内容准确、叙述详细、能清晰展现出老师们的不同特点即可。

【设计意图】让学生通过制作教师对比卡，回顾不同老师特点，锻炼观察、总结能力，加深对老师的了解，增进师生情感，理解并接纳不同教师之间的不同风格。同时，还能激发学生的创意，提升图文表达水平。

## 二、课时作业

1. 张桂梅校长扎根贫困地区40多年，克服重重困难，创建免费女子高中，让1800余名大山女孩走出大山、走进大学。她常年坚持家访，行程超过11万公里，把自己的工资、奖金和社会各界捐款累计100多万元全部

投入教育事业。她用自己的实际行动，让学生们不仅学到知识，更树立了改变命运的信念。下列对老师职业的认识正确的是（　　）

A. 老师的工作仅是传授文化知识，和学生的品德培养无关

B. 老师是学生成长道路上的引路人，引导学生走好人生之路

C. 老师的所有教导，学生都必须无条件接受

D. 老师是一份轻松的职业，只需要在课堂上授课就行

2. 小组合作挑战赛

本月学校举办了感恩月活动。为引导同学们表达感恩，提升团队协作与文字表达能力，现开展小组合作挑战。接下来5分钟，各小组需共同为曾教过自己的老师写一封短信。

具体要求：

①全员参与：小组内每位成员均需参与其中，依序每人至少撰写一句给老师的话语，限时5分钟。

②内容方面：可以回忆老师在课堂上的高光时刻、在生活里给予你关怀的暖心场景，信末致以诚挚的祝福。

③布局设计：正式动笔前，小组需预先进行简要谋划，明确信件架构。

【设计意图】第1题通过张桂梅校长的事迹，考查学生对教师职业全面认知，纠正对教师工作的狭隘理解，引导树立正确教师观。第2题通过感恩月活动，以小组合作写短信的形式，让学生在实践中表达感恩，锻炼团队协作、文字表达与规划能力，强化对教师的感恩之情。

## 三、课后作业

### （一）基础型作业

1. 2023年9月10日，是第39个法定教师节。在教师节的一系列庆祝活动中，人们通过各种方式表达对教师的敬意。习近平总书记向全国优秀教师代表致信，社会各界纷纷表达自己对教师的敬意。人们尊重教师，这是因为教师（　　）

①是人类文明的传递者　②肩负着教书育人的神圣职责　③对人类文明做的贡献值得我们尊敬　④都是学生的良师益友

A. ①②③　　B. ①②④　　C. ①③④　　D. ②③④

2. 刘老师教语文时声音洪亮，经常举一反三；宋老师教英语时幽默风趣，课堂活跃；黄老师教数学时思路清晰……导致老师们授课风格存在明显差异的原因是什么呢？（　　）

①每个老师的性格与思维方式不同　②每个老师解决问题的方法和表达方式不同　③每个老师的年龄、阅历和学识不同　④教学内容和学科性质对老师教学风格产生影响

A. ①②③　　B. ②③④　　C. ①③④　　D. ①②④

3. 进入中学后，小李总是有些不适应。小学时候，老师在课堂上态度和蔼，与学生互动频繁。可现在的老师，虽然为人坦率真诚，但教学方式有很大不同，安排了大量学生合作探究的环节，这让小李有些不知所措。面对这种情况，小李应该（　　）

①承认老师之间的差异　②发现不同风格老师的优点　③因为不适应就故意躲避自己不喜欢的老师　④积极主动地和老师沟通交流，增进彼此的了解

A. ①②③　　B. ②③④　　C. ①③④　　D. ①②④

4. 新时代好教师的标准内涵丰富，涵盖多个关键维度，请将以下内容补充完整：

(　　　　)(　　　　)(　　　　)(　　　　)。

5. 在教育实践中，每位教师都有独特的教学风格。请简要阐述教师风格不尽相同的原因：

______________________________________________

**（二）提升型作业**

林浩同学在班级里十分活跃，但上课时常注意力不集中，还会偷偷做小动作。一次读课文时，有同学举报林浩用粉笔砸人，林浩立刻否认："我没有。"老师却认定他是故意捣乱，当场对他进行了严厉批评。在全班同学面前被批评，林浩觉得颜面尽失，情绪冲动之下与老师争吵起来，随后摔门而出。

请根据上述材料，完成以下问题：

①你如何评价林浩的行为？请从情绪管理、师生关系处理等角度进行分析。

②作为一名中学生，结合自身经历与所学知识，谈谈应当怎样与老师建立亦师亦友的良好师生关系。

**（三）实践型作业（选做其中一个）**

1. 认真观看电影《老师好》，深入挖掘影片中所传达的师生情谊、教育理念以及时代背景下的青春故事。结合自身经历，围绕影片中令你最为感动、引发思考的情节，撰写一篇不少于150字的观影感想，要求真情实感，逻辑清晰。

2. 在你的求学生涯中，一定有一位老师给你留下了极为深刻的印象。请回忆与这位老师相处的点点滴滴，选取最具代表性的事例，从老师的教

学风格、为人处世、对你的关怀与影响等角度，创作一篇不少于150字的教师回忆录。

【设计意图】基础型作业借教师节引入，考查尊师原因，剖析教师风格差异，引导学生适应不同老师，明确新时代好教师标准；提升型作业通过分析学生与老师冲突案例，锻炼学生分析问题、处理情绪和解决师生矛盾的能力；实践型作业，以观影、写回忆录的形式，促使学生从自身经历出发，感悟师生情谊，培养情感表达与反思能力，让学生在理论与实践中，深化对师生关系的理解。

## 第二课时：师生交往

| 作业目标 | 学生在政治认同、道德修养、法治观念、健全人格和责任意识等方面达成的目标应该如下：<br>1. 通过作业，学生能认同教师职业蕴含的价值取向，践行和弘扬社会主义核心价值观。<br>2. 通过作业，学生能正确面对教师的批评与表扬，学会正确处理与教师发生的矛盾与冲突。<br>3. 学生能在真实场景中落实尊敬教师的行为，建立起和谐的师生关系。 |
|---|---|
| 作业功能 | ☑ 感知体验　☑ 习题演练　☑ 生活拓展 |
| 作业类型 | ☑ 前置作业　☑ 课中作业　☑ 课后作业 |

### 一、前置作业

请从以下两个任务中挑选其一进行完成。

任务一：法律条文检索

查阅《中华人民共和国教育法》《中华人民共和国教师法》等核心教育法律，找出两条及以上涉及教师权利、义务、资格认定、职业规范等关键内容的具体法律条文，并标注出处。

任务二：故事素材收集

从新闻报道、人物传记、教育类纪录片中广泛收集教师相关故事，选取两个情节生动、富有教育意义的，梳理脉络、提炼核心价值，在课前3—5分钟向同学们流畅且真挚地分享。

【设计意图】该题目设计意图在于多维度培养学生能力。任务一注重引导学生检索教育法律，增强法律意识，了解教师相关法律规范；任务二则注重通过收集分享教师故事，锻炼学生的信息收集、提炼及语言表达能力。同时，让学生从故事中汲取教育意义，加深对教师职业的理解与尊重。

## 二、课时作业

任务一：情景分析

今年，某地区在教师节举办“致老师的一封信”的活动，超过4000名学生积极参与，他们用手中的画笔、饱含深情的文字，以及热烈的掌声，向老师们表达最诚挚的敬意与感恩。

（1）这些活动充分体现了我国一直以来倡导的哪一传统美德?

（2）结合你自己的学习生活，谈谈你在日常生活中是如何尊敬老师的。

任务二：写演讲提纲

请以“感恩有您，照亮成长之路”为主题，撰写一篇在学校教师节庆祝活动上的演讲提纲。要求体现老师对你的帮助和影响，包含开场引入、主体内容、结尾升华，字数在300字左右，重点突出，条理清晰。

【设计意图】任务一通过创设的情景，引导学生深入分析，领悟尊师重道这一传统美德。同时，促使他们结合自身经历，切实思考如何在日常

生活中践行，以此强化道德认知与实践能力。任务二通过要求学生撰写演讲提纲的活动，学生能回顾老师给予自己的帮助，既锻炼书面表达与逻辑思维，也深化了对教师的感恩之情，有利于养成尊师重道的良好品质。

## 三、课后作业

### （一）基础型作业

1.“新竹高于旧竹枝，全凭老干为扶持。”这句诗常被用来形容师生关系。从这句诗中，我们可以看出（　　）

A. 学生的成长完全依赖老师的扶持，没有老师的帮助就无法取得进步

B. 老师对学生的成长起着重要的引导和化人作用，良好的师生关系有助于学生成长

C. 只有学生取得比老师更高的成就，才能体现教育的成功

D. 老师和学生之间存在着明显的竞争关系，学生超越老师是教育的目标

2. 在当下教育理念里，新型师生关系以民主、平等、和谐为基石，对同学们的成长意义重大。请判断，以下哪个选项体现了这种关系？（　　）

A. 甲同学向班主任提班级管理建议，班主任却不高兴，没重视。

B. 乙同学嫌老师啰嗦，上课不认真听。

C. 丙同学课后和老师探讨学习、生活问题，交流时畅所欲言。

D. 丁同学不认同老师批评，当堂顶撞，还私下给老师取不尊重的绰号。

3. 在校园生活中，良好的师生交往状态是学生乐学、老师乐教，师生

相互尊重、彼此关怀、携手共进。请判断，以下哪种情形属于良好的师生关系？（ ）

A. 小夏因作业多，常抱怨老师。

B. 小郑课堂认真，课后主动找老师讨论学习难题。

C. 小孙乱扔垃圾，老师指出后，他和老师争吵。

D. 小王上课说悄悄话被老师批评，便赌气不再听课。

**（二）提升型作业**

在数学课上，小李偷偷写小说，被老师当场发现。老师没收了他精心创作的手稿，并给予了严厉批评。小李心里十分不痛快，回想起小学时老师面对类似情况态度温和，从不惩罚学生，于是对现在的初中数学老师心生怨恨，甚至在课堂上也开始故意不配合。

1. 请运用师生交往的相关知识，对这一现象进行辨析。

2. 若与老师发生矛盾，小李应该怎么做？

3. 为构建和谐的师生关系，请提出至少三条建议。

**（三）实践型作业**

“我与老师的一件小事”活动

1. 活动主题：围绕“我与老师的一件小事”，开展一次增进师生情谊的体验活动。

2. 分组要求：自行分组，每组人数建议4—6人，共同完成体验任务。

3. 活动形式选择：①诗歌传情：小组成员合作创作一首感恩老师的诗歌，并在合适时间为老师朗读。②歌声献礼：挑选感恩老师的歌曲进行合唱，在课堂或活动中表演。③漫画表意：以小组讨论的“我与老师的一件小事”为内容，绘制漫画赠予老师。

4. 活动成果：活动结束后，各小组整理活动照片或视频，简单分享活动中的感受与收获。

【设计意图】选择题主要意图是考查学生对师生关系的基本概念和新型师生关系特点的理解与掌握。通过诗句解读、概念辨析等方式，让学生在选择答案的过程中，回顾课本知识，如师生关系中老师的引导作用、新型师生关系的民主平等和谐等要点。提升型作业以真实的案例场景为背景，要求学生运用师生交往的相关知识进行辨析，目的是考查学生能否将所学的理论知识应用到实际情境中。这使学生加深对师生交往原则、正确对待老师批评等知识点的理解和运用能力。实践型作业这一活动旨在锻炼学生合作、创作与表达能力，增进师生情谊，培养感恩之心，还能提升活动组织与成果展示能力。

## 第三课时：家的意味

| 作业目标 | 学生在政治认同、道德修养、法治观念、健全人格和责任意识等方面达成的目标应该如下：<br>1. 学生能理解“家”的内涵和功能，知道“家”对自己成长的意义。<br>2. 学生能关注家庭生活中存在的沟通问题，明白互动沟通的重要性，增强自身的责任意识。<br>3. 学生能感悟更深层次的亲情，养成理性平和的心态，提高共创共享和谐家庭的能力，提升学生的道德修养。 |
|---|---|
| 作业功能 | ☑ 感知体验　☑ 习题演练　☑ 生活拓展 |
| 作业类型 | ☑ 前置作业　☑ 课中作业　☑ 课后作业 |

### 一、前置作业

**探寻成长印记**

1. 活动主题：采访家人，挖掘成长回忆，感受家人关爱。

2. 参与方式：个人独立完成，自行安排时间采访父母、爷爷奶奶等家人。

3. 采访内容：让家人回忆你成长中难忘的事，开心或悲伤的都可以，比如学会走路、生病时的照顾等，了解事件经过、他们的感受和对你的期望。

4. 记录方式：可用照片加文字说明，或整理成记叙文，记录家人原话和自己的感悟。

5. 成果展示：用手抄报、PPT等形式整合呈现，课前5—10分钟与同学分享，讲述最触动自己的故事，谈谈对成长和家人之爱的新认识。

【设计意图】让学生个人采访家人，挖掘成长记忆，能锻炼独立沟通与信息收集能力。通过记录家人讲述及自己的感悟，培养学生文字表达与情感捕捉能力。以手抄报、PPT 展示成果并分享，可提升学生的创意与展示能力，同时让学生在讲述中深化对成长的认知，体会家人的爱，增强感恩意识。

## 二、课时作业

### （一）合作分析

小张同学家被所在街道评为“幸福之家”。在这个温馨的家庭里，“孝顺、和睦、行善、积德”是代代相传的家训，“孝悌为本、助人为德”则化为独特的家风，渗透在生活的点点滴滴中。这些宝贵的精神财富，早已超越物质层面，成为家中最珍贵、名副其实的无价之宝。

①从家庭对个人成长以及社会发展的角度，分析“家”有着怎样至关重要的意义？

②结合材料，联系生活实际，从道德与法律层面，谈谈我们应如何将“孝”真正落实到日常行动中？（各列举两个具体行动）

**（二）绘团圆，讲家情**

请你亲手绘制一幅全家福。画完后，配上一段饱含深情的文字，讲讲家人间那些温馨瞬间，分享藏在照片背后的温暖与爱。

【设计意图】合作分析题借助具体家庭案例，引导学生从个人成长与社会发展层面剖析家的意义，在探讨如何落实“孝”时，从道德和法律维度考量，培养多角度分析问题的能力，强化对家庭观念和责任的认知。绘团圆、讲家情活动，让学生通过绘制全家福与讲述温情故事，增进对家人情感的感知，提升情感表达能力，激发对家庭的热爱与珍惜。

## 三、【课后作业】

**（一）基础型作业**

1. 中国人历来重视家庭。在传统观念里，家不只是一处居住空间，更被赋予深厚情感内涵，家是（　　）

①代代传承、血脉相连的生活共同体

②居住的房子

③家庭的行为规范

④甜蜜、温暖、轻松的避风港

A. ①②　　B. ②③　　C. ③④　　D. ①④

2. 孝亲敬长是中华民族的传统美德之一。《三字经》中说：“首孝悌，次谨慎。”《礼记》中说：“大尊尊亲，其次弗辱，其下能养。”请选择符合孝亲敬长的情境（　　）

A. 小张关心父母，主动提出洗碗。

B. 小李因为妈妈限制自己打游戏而与妈妈大吵起来。

C. 小华拒绝父母让自己倒垃圾的要求，并认为自己很小。

D. 小黄因为爸爸拒绝给他买变形金刚而与爸爸大吵起来。

3.《民法典》第26条规定："父母对未成年子女负有抚养、教育和保护的义务。成年子女对父母负有赡养、扶助和保护的义务。"这主要体现的中华民族的传统美德是（　　）

A. 谦和有礼，待人以诚　　B. 诚信友善，乐于助人

C. 尊老爱幼，孝亲敬长　　D. 善待父母，平等合作

**（二）提升型作业**

中华文化源远流长，"家"文化更是其中的瑰宝。在中国人的心中，"家"承载着无数的情感与回忆。七年级（1）班正热火朝天地开展"感恩父母——共建和谐家庭"主题班会，作为班级的积极一员，你将参与其中，完成以下充满意义的问题探讨：

1. 请你说说在中国人心中的"家"是什么？

2. 有的同学说孝敬父母是长大以后的事情，你认同吗？你认为正确的表述应该是什么？

3. 我们应该如何孝亲敬长？

**（三）实践型作业**

成长过程中，父母的悉心照料让我们在温暖中无忧前行。如今，看着他们忙碌的身影，我们渴望以实际行动回馈这份爱。恰逢学校开展劳动教育活动，请你制作一份劳动计划书，并展开实际行动。

《我帮父母做家务》劳动计划书

时　　间：________________

内　　容：________________

实施步骤：________________

________________

亲人反馈：________________

个人感悟：________________

成果展示：________________

【设计分析】基础型作业通过选择题考查学生对家的内涵、孝亲敬长行为及相关法律规定的基础知识掌握，锻炼辨别能力，强化家庭观念。提升型作业以主题班会问题探讨形式，引导学生深入思考家的意义、孝亲时机与方式，培养分析、表达能力，深化对家庭文化的理解。实践型作业借学校劳动教育活动，让学生在成长感悟中，用制作计划书和实际行动，将感恩父母的情感转化为实践，培养劳动能力与家庭责任感。

## 第四课时：爱在家人间

| 作业目标 | 学生在政治认同、道德修养、法治观念、健全人格和责任意识等方面达成的目标应该如下:<br>1. 学生能正确认识父母对自己的关爱和教育，秉持理解、尊重之心，积极主动与父母交流互动。<br>2. 学生能熟练掌握与父母沟通的技巧以及处理亲子冲突的方法，提升以恰当方式与父母沟通的能力。<br>3. 学生能深入了解子女与父母产生矛盾的复杂原因，切实掌握有效沟通技巧。 |
|---|---|
| 作业功能 | ☑ 感知体验 ☑ 习题演练 ☑ 生活拓展 |
| 作业类型 | ☑ 前置作业 ☑ 课中作业 ☑ 课后作业 |

### 一、前置作业

**破译传统文化中的家之密语**

古诗里，家是窗前明月的思念；名著中，家是命运交织的悲欢；建筑间，家是一砖一瓦的岁月。家，藏着怎样的文化密码?

别让好奇落空，快来穿梭于诗韵、情结与榫卯间，挖掘家的印记，开启震撼心灵的文化溯源之旅!

选择你喜欢的方式，展示自己发现的有关家的“密码”。

【设计意图】通过引导学生从古诗、名著、建筑等角度探寻家的文化内涵，激发学生对传统文化中家元素的好奇心与探索欲，让学生在多样的展示方式中深入理解家的文化密码，提升文化素养与对家的认知感悟。

## 二、课时作业

**以爱为礼，致敬家人**

让我们打开时光隧道，回忆那些被家人陪伴的日常。比如，清晨妈妈准备早餐的忙碌身影、爸爸在深夜为你掖被角的轻柔动作。运用比喻、拟人等手法，让我们“以爱为名，致敬家人”，让这份对家人的爱，在诗句里表达出来。要求贴合自己的实际情况，每一句诗词都饱含深情，行数不少于5行。时间要求5分钟。

【设计意图】意在引导学生开启情感回溯，借助限时创作诗歌，促使他们在回忆家人日常陪伴细节中，感受温暖瞬间，锻炼语言表达与文字运用能力，用诗歌形式抒发对家人的爱，深化亲情认知，增强感恩意识。

## 三、课后作业

**（一）基础型作业**

1. 生活中，亲情以多样的方式存在。下列对亲情的理解，正确的是（　　）

①妈妈总是不爱说话，表情很严肃，小红认为家里只有压迫、没有亲情

②爸爸总是笑呵呵的，从不责备其他人，小张觉得家庭很温馨

③小宋的爸爸妈妈去外地工作了，她感觉虽然关爱减少了，但是亲情并没有消失

④小李总是和爸爸吵架，因此认为家人都不爱他

A. ①②　　B. ②③　　C. ③④　　D. ①④

2. 小A的父母对他日常行为和时间管理要求严格。进入中学后，小A感觉自己长大了，已经是中学生了，不想要父母再继续像小学时一样严格管理自己。面对父母的关心询问、耐心教育，他却嫌父母唠叨，双方激烈争吵。小A和父母产生冲突的原因是什么（　　）

①进入初中，小A意识到自己长大了，和家人关系有了微妙变化

②小A开始审视父母的爱，质疑、挑战父母的权威与经验

③小A父母最近工作压力极大，把负面情绪带回家，导致与小A交流时态度生硬，引发矛盾

④小A近期沉迷于电子游戏，对学习和家庭事务都提不起兴趣，所以情绪暴躁，容易与父母起冲突

A. ①②　　B. ②③　　C. ③④　　D. ①④

3. 与父母沟通要__________、__________、__________、__________、__________。

**（二）提升型作业**

小张同学因为写作业的问题，与父母爆发了激烈的冲突。父母每天督促他放学之后就立刻写，小张认为父母在干涉自己的自由，非常唠叨。双方爆发了激烈的冲突。

1. 谈谈小张和父母冲突的原因。

2. 我们应该如何化解与父母之间的冲突？

**（三）实践型作业（选做其中一个）**

成长是一场跌跌撞撞的旅程，一路上有迷茫、有困惑，更有无数温暖

的瞬间。

1. 以“爸爸/妈妈，我想对您说”为主题，写一篇200字的小短文，表达自己想对爸爸妈妈说的话。

2. 发挥创意，为爸爸妈妈设计并制作一份独特的奖品，表达你对他们的爱与感激。

【设计意图】基础型作业，通过选择题考查学生对亲情的理解，以及分析亲子冲突原因，以填空梳理沟通要点，夯实知识基础。提升型作业，借助具体案例，引导学生深入剖析亲子冲突原因并探讨化解方法，培养分析和解决问题的能力。实践型作业，无论是写短文倾诉心声，还是制作奖品，都旨在让学生在实际行动中，强化情感表达，增进与父母的沟通，促进亲子关系和谐，提升感恩意识与家庭责任感。

## 第五课时：让家更美好

| 作业目标 | 学生在政治认同、道德修养、法治观念、健全人格和责任意识等方面达成的目标应该如下：<br>1. 学生能够了解亲子相关法律，强化权利与义务统一观念，增强守法用法意识。<br>2. 学生能熟练掌握处理家庭关系的有效方法。<br>3. 学生通过拍摄视频，增强家庭意识，提升对家庭的责任感。 |
|---|---|
| 作业功能 | ☑ 感知体验　☑ 习题演练　☑ 生活拓展 |
| 作业类型 | ☑ 前置作业　☑ 课中作业　☑ 课后作业 |

### 一、课前作业

**成长对比地图**

不同时期的家庭有着不同的特点，请对比你现在的家庭和家长成长时

期的家庭什么不同。为了清晰地对比自己和爸爸妈妈成长时家庭情况的差异，你可以通过询问家长的方式，并用自己喜欢的形式，比如表格或对比图等，来制作一份家庭生活对比图。

【设计意图】通过对比当下家庭与家长成长时期家庭，借助询问家长和制作对比图，激发学生对家庭变迁的兴趣，培养调查、沟通能力，让学生直观感受时代对家庭的影响，理解家庭在不同阶段的特点，增强对家庭和社会发展的认知。

## 二、课时作业

1. 晓峰原本和爸爸妈妈、外公外婆一起生活，一家人其乐融融。最近，响应二孩政策，晓峰的妈妈生下了一对双胞胎弟弟，这下家里更热闹了。晓峰的家庭结构是（　　）

A. 核心家庭　　B. 主干家庭

C. 联合家庭　　D. 复杂家庭

2. 周末晚上，一家人围坐在客厅看电视。爸爸想看体育频道的足球比赛，觉得赛事紧张刺激，不容错过；妈妈却想看电视剧，声称剧情已经到了关键阶段，必须追着看。两人你一言我一语，谁也不肯让步，气氛越来越紧张。你在一旁写作业，被这争吵声打断，爸爸妈妈干脆把你拉过来评理。这时你会怎么化解这场家庭小纷争呢？（　　）

A. 不用理会，继续做自己的事情

B. 帮助家庭成员走出“面子”困境

C. 帮助家庭成员舒缓情绪

D. 明确自己是不偏不倚的中立者

【设计意图】第一题考查学生对家庭结构类型的认知，帮助学生理解不同家庭结构特点。第二题通过生活场景，引导学生思考解决家庭矛盾的方法，培养学生在家庭关系中化解冲突、协调关系的能力，促进家庭和谐。

## 三、课后作业

### （一）基础型

周六，在与父母充分交流后，小明拿着爸爸给的钱去采购食材，随后精心烹饪饭菜。用餐结束，他认真收拾餐桌、仔细清洗碗筷，还完成了洗衣服、擦拭地板等家务。小明为什么要主动做家务？（　　）

①体会家长平日的辛苦，学会感恩理解父母

②这是老师布置的作业活动

③意识到了幸福美满的家庭需要全体成员共同创建

④帮助自己养成良好的劳动习惯和生活态度

A. ①③　　B. ②③　　C. ③④　　D. ①④

### （二）提升型作业

第七课“亲情之爱”的3个课时已经学习完成，请大家深入研读课本，梳理教材体系，以自己擅长的形式，依据本课核心知识，精心设计一份思维导图，要求能清晰、全面地呈现本课主要学习内容，助力大家更好地掌握知识要点。

### （三）实践型作业

为全面展现家庭的温暖与爱，特制定《我爱我家》微视频拍摄流程，内容积极向上，时长不超5分钟，拍摄主题可从介绍家人、讲述家庭中印象深刻的事，或是与家人的谈话聊天等角度展开，力求呈现一个充满正能量、温馨有爱的家庭影像，让这份珍贵的家庭记忆得以留存与分享。

【设计意图】基础型作业以生活场景设题，考查学生对主动做家务意义的理解，引导学生体会父母辛劳，增强家庭责任感。提升型作业要求绘制思维导图，促使学生深入研读教材，梳理知识体系，锻炼归纳总结与逻辑思维能力。实践型作业通过拍摄《我爱我家》微视频，鼓励学生从生活点滴挖掘家庭温暖，培养影像创作能力，增进对家庭的热爱与珍惜，提升情感表达与分享意识。

## 第三节　作业展示

作业实施阶段包括作业的布置、收集与整理，是作业设计流程里的关键环节。在作业实施阶段，本书主要开展了以下工作。

作业布置环节。作业时间的安排是首要考量的关键要素。布置前置作业在本次课程正式开始的前1天。例如，若周三上午有课程，前置作业会在周二上午同一时间准时布置，给学生预留充足的自主预习时间，目的是让学生提前熟悉课程内容。布置课中作业时，在课程当堂讲授完相关知识点后的5—10分钟内。此时学生对新知识记忆鲜活，及时巩固所学知识。布置课后作业时，在本次课程教授结束后的10分钟内完成布置，目的是方便学生明确课后任务，合理规划课后时间。其次，为不同层次的学生匹配了合适的作业。教师深度剖析了学生过往5次作业的完成准确率、耗时状况、错误类型分布，以及来自各方的评价内容等多维度数据，随后依照课程标准与实际学情，将作业难度划分为三个层次：简单题占比60%，中等难度题占比20%，难题占比同样为20%。基于学生最近一次的测验成绩，教师在课堂上特意预留10分钟时间，引导学生依据自身能力与学习目标，自主选择契合自己的作业。具体要求如下：班级前30%的学生，需完成课后作业的全部题目；处于中间40%的学生，要完成基础型与实践型作业，同时鼓励部分学有余力的学生尝试挑战提升型作业；后30%的学生，完成基础型作业即可。课前作业发放，由教师或课代表负责。在多媒体设备上展示本次作业内容，同步将作业推送至班级群，确保学生能多渠道获取信息。为防止学生疏漏，教师在传达作业要求10分钟后，会在班级群内再次发送作业提醒。这份提醒内容翔实，作业的具体要求、精确到分钟的提交截止时间，以及相关注意事项都一一罗列。课中与课后作业的发放，则由课代表在课前10分钟执行。课代表依据班级名单，按顺序将作业逐一发放到了每一位学生手中，保证发放过程有条不紊、无一人遗漏。为提升发放效率，课代表还提前整理好了作业顺序，以最快速度将作业送达学生，让学生能及时明确学习任务。

作业收集阶段。学生既可以线上提交作业，也可以线下提交作业。线上作业依托钉钉等软件的强大功能，实时统计学生的自主提交情况，对于测到的未按时提交作业的学生，立刻自动发送催交通知。通知直接推送到学生账号关联的设备上，提醒学生尽快完成提交。线下纸质作业则由课代表在上午第一节课前10分钟统一收齐。班级学生按座位区域划分成若干小组，每组指定一位组长。课代表提前将教师准备小组记录表发放给各个小组长。各个小组长在清单上标记已交和未交同学。收齐后，组长们将记录表交给课代表。课代表再次快速核对作业数量和表格记录，确保无一遗漏。同时，课代表将按顺序摆放整齐，及时交予教师。

作业整理阶段。首先，教师将线上、线下作业进行了汇总整合。线上作业，从钉钉、班级小管家等平台导出数据后，下载学生提交的电子文档；线下纸质作业，则是按班级整理分类。在汇总时，仔细比对线上、线下名单后，确保每位学生的作业都被纳入，避免遗漏。其次，甄别无效作业。面对线上作业，教师运用软件的查重功能，快速识别重复提交的文

件，将多余副本删除。有文件打不开、格式损坏的情况，教师则及时联系了学生重新提交。纸质作业中出现的页面模糊、严重涂改难以辨认等问题，同样进行了单独存放。经过细致甄别，剔除这些重复提交与格式错误的无效作业，确保作业的准确性与完整性。然后，对作业进行分类。从作业难度、作业类型、多方评价角度，对学生的作业成果进行精细分类。最后，建立学生档案。将学生的作业完成状况，如未完成题目数量、题目错误类型、多方评价内容，计入学生的作业成长档案，以便后续开展有针对性的跟进辅导工作，助力学生提升作业完成质量。

以下为部分作业成果展示：

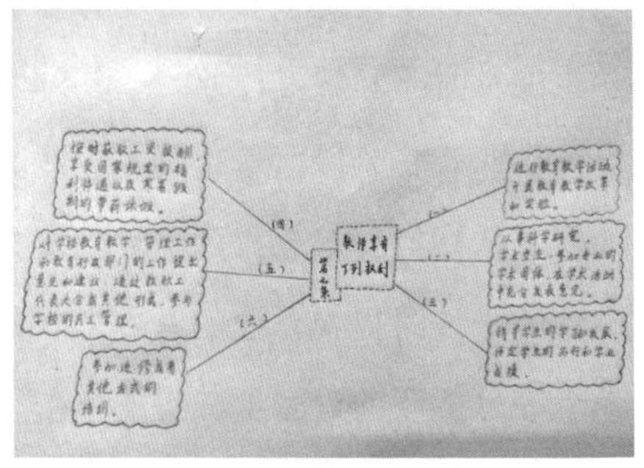

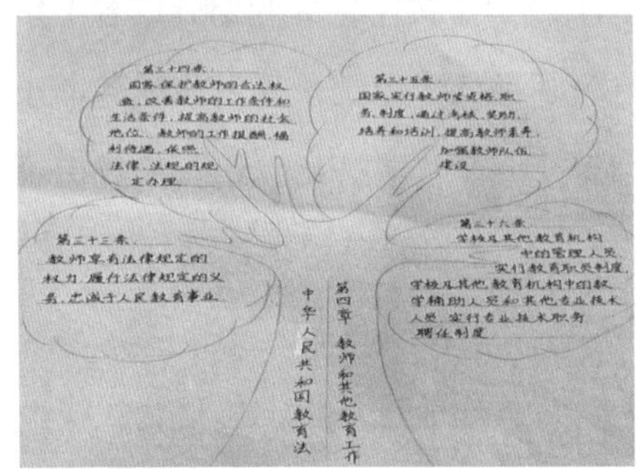

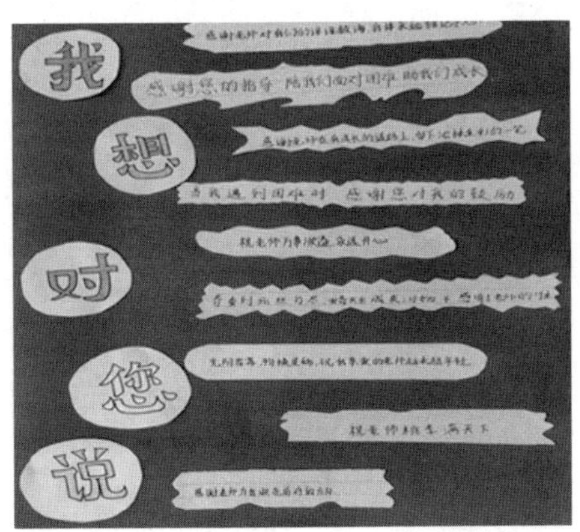


《老师好》观后感

在看过《老师好》这部电影后，学生们从最初对老师的各种挑衅，对老师的不满意，到后来逐渐理解老师的良苦用心。其中，也丰富体现了友情，师生之间的情谊。当老师得知班里学生因偷卖东西赚钱而被拘留了。老师得知后并没有批评而是把没收的东西归还给他并帮他付了饭钱。生病的学生的朋友知道后，打工挣钱，在给那位学生捐款时添上一笔。学生做手术回来后，全班同学也是热烈欢迎的。这让我感到在学生时代，许多时间都是与老师、同学度过的，他们就像自己的家人一般在自己遇到困难时帮助自己。也让我深刻感受到同学们之间的友情是最纯粹，最直接，没有任何利益关系的。

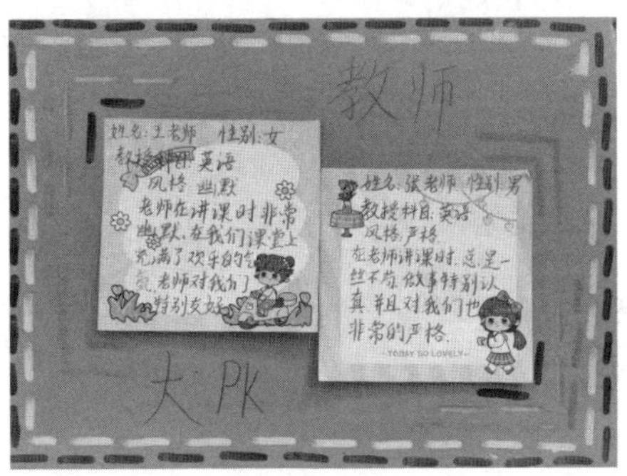


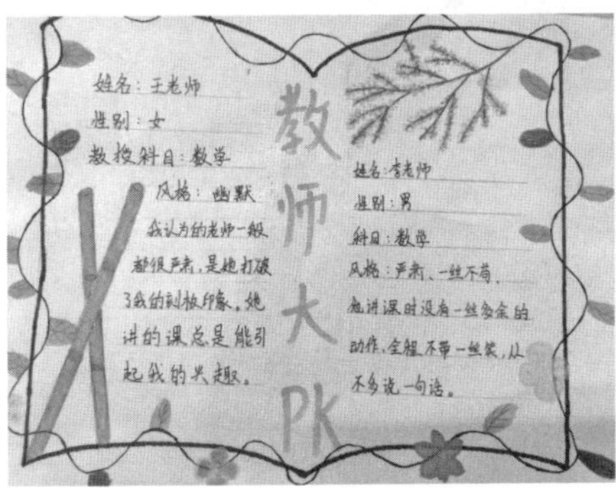

那天，老师给我叫到办公室，我心惊胆战，因为她平时对我们学习数学非常严格苛刻，我们都很害怕她，但是她一改长风，不再板着脸，而是露出她那慈祥的笑容。原来是我做错了一道简单的运算题，当时她在吃饭，看见我来了就把饭放在了一旁，就给我讲这道题，又给我举了很多例子，一时兴起，我又问了她很多闲课堂上不会的问题，她并没有生气，而是为我一一解答，我内心非常感谢她。

采访地点：家
采访人物：奶奶
采访内容：奶奶说，她对我印象最深刻的一件事大概就是，在我小的时候，我很捣蛋，爸爸妈妈也时常不在家，我就和我弟弟一起住在爷爷奶奶家。那时还是她的生日，我出馊主意，让给她做一个西红柿炒鸡蛋，而且是我要抉我弟弟和我一起。结果，一点也没出意外，我们没有弄成，而是弄坏了好几个鸡蛋，满地都是鸡蛋清。但她回来并没有吵我们，而是感到欣慰。我到现在还能记起她那柔情的微笑。她现在已经满头白发，我更珍惜和她在一起的时光。

采访时间：星期天
采访地点：家中客厅
采访对象：妈妈
采访题目：对我印象最深刻的一件事是什么？
内容：问：请问您对我印象最深刻的一件事是什么呢？
妈妈：这个……应该是你去做饭那件事吧！
问：可以说一下具体内容吗？
妈妈：你十岁那年冬天，夜里下着小雪，我发了高烧，你爸准备去医院，由于太急，我只说让你照顾好你妹，等事情忙完后已经是十点多了，回到家后，你就在那边一边照顾你妹一边做饭。我在那看着你手忙脚乱的样子忽然觉得你好像长大了！这就是我印象最深刻的事。
我：好的，谢谢您的答复！

采访地点：家
采访人物：妈妈
采访内容：妈妈告诉我，曾经有一次在老家，小时候的我非常的调皮，她那时总是一遍又一遍的警告我，让我老实点，那时的我偏不听，总是和她对着干，她当时气得想动手教训我，但好在她那时忍住了。之后，我就一直打闹，和我的朋友们在高高的石板上向下跳，她说就一会儿没看住我，我就摔了一身泥，腿上也流了很多血，她说她当时非常着急，印象特别深的是流那一地的鲜红的血，她当时都快吓死了，直到现在她那时告诉我也是记忆犹新，说现在想想也是后怕。采访结束后，我也感到很惭愧。

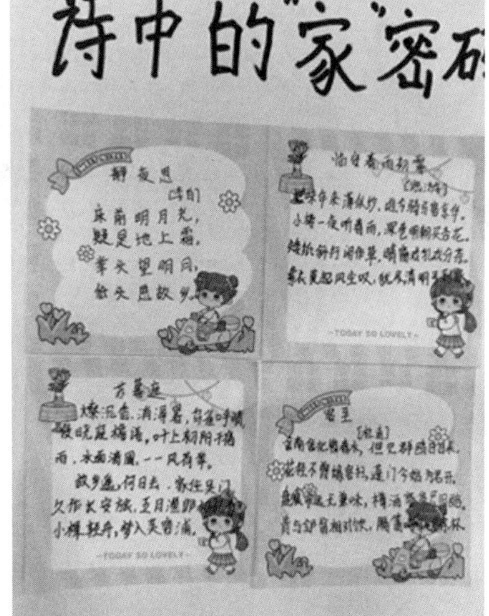

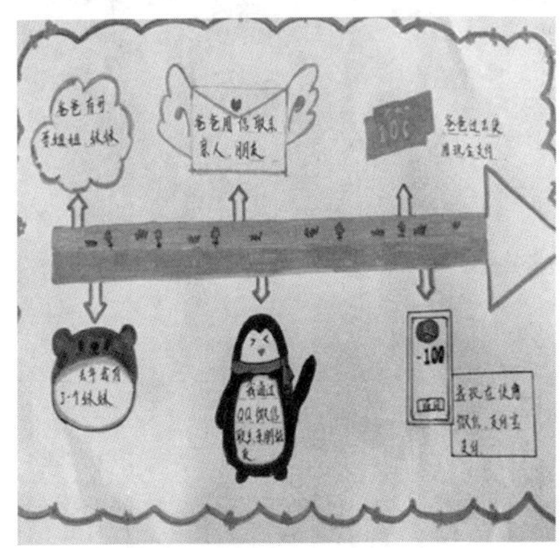

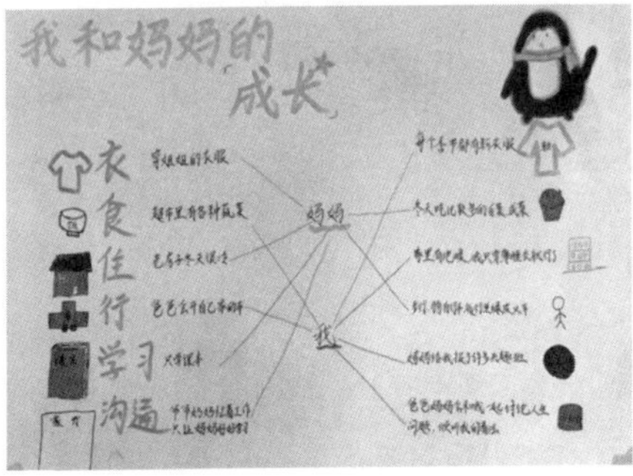


成长对比图

| 项目 | 爸爸 | 我 |
| --- | --- | --- |
| 吃 | 每天吃窝窝头，玉米面馒头，很少吃精面 | 每天吃米饭，精面 |
| 穿 | 穿奶奶做的千层底布鞋 | 买商店的底面鞋 |
| 住 | 住在土房里 | 住在小区 |
| 行 | 出行大多步行或骑自行车 | 出行坐私家车 |
| 交流 | 出远门只能通过书信交流 | 可以发微信、进行通话 |

感恩父母

一直以来我都想对您们说说话，但看到您们忙碌的身影，我知道说不了了，所以用文章的方式来写出想对您们说的。

在我印象中，爸爸一直在用他宽大的肩膀为我遮风挡雨，妈妈一直辛苦操劳，辛苦付出。爸爸妈妈都说父爱深沉，母爱伟大；在您们身上，我体会的确是这样。爸爸妈妈感谢您们将我带到这个世界，给予我生命，感谢您们教会我做人的道理，感谢您们不辞辛苦的付出，感谢您们的养育之恩。岁月带走了您们年轻的脸庞，但您们对我的爱，是永远带不走的。爸爸妈妈我会尽我最大努力去孝敬您们；爸爸妈妈您们辛苦了，永远爱您们!!

亲爱的爸爸妈妈：

你们好！时间如白驹过隙。从小到大，你们给予了我足够的关心与陪伴，无论再忙，你们也从不缺席有关我的任何事情，你们对我的教诲我时刻谨记心中。你们让我在充满爱的家庭里成长，同时，也教会了我如何去爱别人。

可不知何时，岁月在你们脸上留下了沧桑的印迹，你们的鬓角也出现了几根青丝，你们身上背负着家庭的重担，为了让我们过上更好的生活每天起早贪黑工作，是你们曾经的努力成就了今天的我。

爸爸妈妈，你们陪我长大，我陪你们变老。。

祝

身体健康，工作顺利

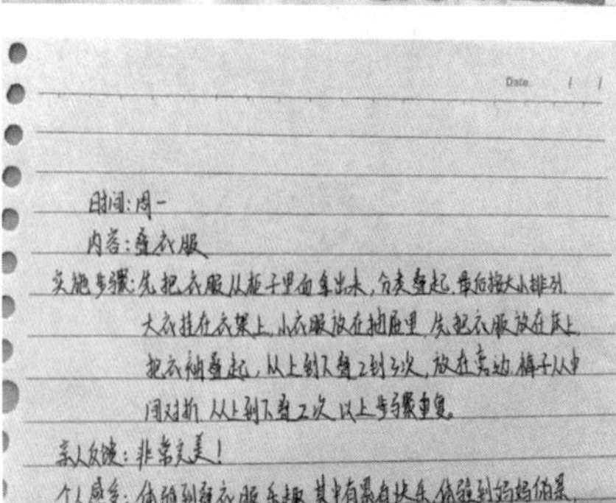

Date / /

时间：周一

内容：叠衣服

实施步骤：先把衣服从柜子里面拿出来，分类叠起，最后按大小排列，大衣挂在衣架上，小衣服放在抽屉里。先把衣服放在床上，把衣袖叠起，从上到下叠2到3次，放在旁边，裤子从中间对折，从上到下叠2次，以上步骤重复。

亲人反馈：非常完美！

个人感受：体验到叠衣服乐趣，其中有累有快乐，体验到妈妈的累，以后要帮妈妈分担家务。

时间：周日

内容：番茄炒蛋

实施步骤：准备食材：两个番茄、三个鸡蛋

处理食材：番茄切小块、鸡蛋打散、备用

烹饪过程：锅中倒油，油热加入鸡蛋炒熟，盛出备用
再倒入番茄翻炒出汁水即可把鸡蛋倒入
最后加调味料翻炒均匀即可出锅装盘

个人感悟：体会到做饭的乐趣，增长生活经验

亲人反馈：棒！

成果展示：

## 第四节　作业设计反思

本次作业设计中的优点可概括为以下几个方面。一是作业目标设计明确。在本次作业设计过程中，充分融入了新课程标准中核心素养要求、结合学生已有的学情分析和教材的知识体系，精准设定了作业目标。这一设计从初中《道德与法治》学科的五个核心素养出发，旨在实现对学生综合素质的综合化评价，并明确指出了如何达到预期标准，为作业评价也提供了科学依据。同时，将这些作业目标展示给学生，让他们可以更清晰地知道他们应该学到什么，能够明确学习目标，从而更有针对性地完成作业，提高学习效率。二是作业内容设计体现了生活性、系统性和分层性。设计中广泛采用了学生的校园生活、家庭生活以及社会生活作为内容素材；系统分析了本节课作业与前面知识点的联系，在课中作业进行了适当的复习和知识点回顾；作业难度和数量充分考虑了学生的年龄和能力差异，对作业内容进行了分层设计，并指导学生根据自身情况选择适宜难度的作业。这样一来，不仅有效避免了学生因任务过难而产生的挫败感，也防止了任务过易缺乏挑战导致的学习动机减弱。同时，整体设计比较符合“双减”政策和“核心素养”的要求，体现了个性化学习的价值。三是作业设计类

型多样化。在作业设计中，结合使用了多种不同的题型，如选择题、填空题、案例分析等，以通过多样的形式激发学生的学习兴趣和动力，增加其参与感与挑战性。学生在完成作业时可以有更多选择，并且能够以不同的思维方式来分析和解决问题，进而促进其综合思维能力的提升。四是作业评价设计采用了明确的评价标准、多元的评价主体和多样化的评价方式，力求实现过程性评价和增值性评价的结合，通过对学生作业完成过程和作业成果的双重评价，不仅能够准确反映学生的学业水平，还能够全面反馈其学习成长的轨迹，进而为后续教学的改进提供有力的依据。

然而，笔者也意识到本次作业设计中仍然存在着一些不足之处。一是作业内容难度不够平衡。在作业设计过程时，笔者有未能充分考虑学生的实际能力水平差异，导致部分作业的难度过高或过低。这种设计偏差可能使得部分学生会感到疲惫或缺乏挑战性，从而影响了学习效果。在课后作业中，指导学生选择分层作业时，可能存在一定的指导漏洞，未能有效区分学生的个性化需求。二是在作业设计内容和作业设计类型上，虽然努力将学生的实际生活与知识体系相结合，但未能充分考虑学生的兴趣和需求，导致部分学生对作业缺乏兴趣和动力，从而影响了作业的完成效率和质量。针对上述问题，在后续开展作业设计中，笔者将采取以下改进措施：一是指导学生完成分层作业，通过制定不同难度的任务，使每个学生都能在其认知水平和能力范围内获得适度的挑战和提升。这不仅能转变学生的思想，有助于学生意识到自身潜力，还能激发他们迎接更高难度任务的勇气，从而促进其全面发展。二是设计作业时，充分重视学生的兴趣。通过了解学生的兴趣点，结合实际情况，设计出既能吸引学生注意力又能激发其学习热情的作业内容，以提高学生作业的参与度和学习效果。

# 结 语

21世纪初以来，世界各国为应对信息技术的快速发展，围绕核心素养开展课程标准研制和人才培养工作。顺应这一国际趋势，我国要落实立德树人这一根本育人目标，强调教育不仅要注重学科知识的传授，还要着力培养学生的综合素养和社会责任感。而学生个体的全面发展，尤其是核心素养的提升，已成为现代教育体系的重要内容。作业作为课程和教学的重要组成部分，承担着促进学生知识内化和能力提升的重要功能，是掌握学生核心素养发展水平的重要方式，因此其设计和实施显得尤为重要。随着新课程标准的出台，基于核心素养视角的作业设计逐渐成为教育领域的研究热点。新课程标准强调学生核心素养的培养，要求教育不仅仅关注传统学科知识的掌握，更要注重学生的思维方式、创新能力、情感态度与价值观的培养。这同时也对学校的作业管理理念和制度、教师的专业化水平和教学技能提出了更高要求。在此背景下，传统的作业设计理念和方法亟须进行更新和优化。然而，目前多数作业设计研究仍主要集中在语文、数学等传统主科上，而在与学生全面素养培育密切相关的其他学科，尤其是《道德与法治》这类课程中的作业设计的相关研究相对匮乏，且在研究方法上还存在一定的局限性。

为弥补现有研究的不足，本研究围绕初中《道德与法治》课程开展了

核心素养下的作业设计研究。本研究采用了定量与定性相结合的研究方法，系统分析了当前《道德与法治》课程作业设计中存在的“知识本位”问题，并探讨了其根源与成因，例如，教师理论认识水平和作业设计能力不足，教育行政部门和学校的相关制度落地难度大等。基于此，本研究从多个维度提出了优化策略，以改善作业设计的作业理念、目标、内容、类型及评价方式，例如，立足课标、教材、学情，设计具有生活化、系统化、分层化的作业内容；通过多种作业类型，拓宽核心素养培育路径；通过多元评价标准、多元评价主体、多元评价方式，促进学生多样素养的综合发展，提升“教”“学”效能。同时，研究通过具体的作业设计案例分析，进一步丰富了初中《道德与法治》作业设计的研究成果。本研究不仅拓展了《道德与法治》课程作业设计的理论内容，也为一线教师在实际教学中的作业设计提供了具有实际应用价值的参考和建议。

然而，鉴于研究者本人在专业知识和教学经验方面的限制，本书在某些方面难免存有不足。就研究范围而言，本研究仅选取了河南省内学校的部分师生作为研究对象，存在一定的地域性局限性，可能无法全面、客观地反映初中《道德与法治》作业设计的普遍现状，且无法完全覆盖全国范围内在该领域的多样化实践。因此，未来的研究可以考虑扩大样本范围，增加不同地区、不同类型学校的代表性样本，以期进一步提高初中《道德与法治》作业设计研究结论的广泛适用性和科学性。

在未来，探寻数字化背景下的作业设计已成为教育发展的重要趋势，值得密切关注。数字化作业平台设计不仅能够有效促进教师间作业资源的共享和协作，还能够实现对学生作业完成过程的实时动态监控。通过数字化平台，教师能够精确掌握学生在完成具体题目时所消耗的时间，进而识别并改进学生在学习过程中存在的薄弱知识，进而采取有针对性的措施进行改进。此外，数字化平台还能够实施分层作业策略，为推动个性化教育的实现提供重要支持。目前，国家教育部门已在作业平台上推出了语文、数学和外语等学科的相关作业，预计《道德与法治》课程相关作业在不久的将来也将陆续上线。数字化平台的迅速发展和在各地区的地方性实践应用前景广阔，必将带来作业设计新的变革，但同时，面对平台设计的优化、数据分析的有效性、个性化教育策略的实施等问题，未来的研究不仅需要在理论上对数字化作业平台的发展进行深入探讨，还应关注其在具体教育实践中的应用效果与挑战，以便为教育领域的数字化转型提供更加全面和科学的支持。

# 附　录

## 附录A：学生调查问卷

同学：

你好！本次调查是为了了解初中《道德与法治》作业现状。本次调查采用不记名的方式，答案没有优劣之分，希望你如实填写，感谢你的支持。

年级＿＿＿＿＿＿　性别＿＿＿＿＿＿

1. 本次期中考试你的《道德与法治》成绩是？(　　)

A. 30分及以下　　B. 31—40分

C. 41—50分　　D. 51—60分

E. 61—70分

2. 我认为《道德与法治》作业很重要。(　　)

A. 非常同意　　B. 基本同意

C. 不确定　　D. 不太同意

E. 非常不同意

3. 你认为教师设计《道德与法治》作业的最重要的目的是？（ ）

A. 巩固所学知识　B. 提高学习成绩

C. 提高核心素养　D. 培育学习兴趣

E. 满足他人期待

4. 我非常喜欢现在的《道德与法治》作业。（ ）

A. 非常同意　B. 基本同意

C. 不确定　D. 不太同意

E. 非常不同意

5. 通常，你每天花多长时间做《道德与法治》作业？（ ）

A. 15分钟以内　B. 15—30分钟

C. 30—45分钟　D. 45—60分钟

E. 60分钟以上

6. 通常，教师设计初中《道德与法治》作业量适中。（ ）

A. 非常同意　B. 基本同意

C. 不确定　D. 不太同意

E. 非常不同意

7. 通常，《道德与法治》作业内容有针对不同学生的选做题目。（ ）

A. 非常同意　B. 基本同意

C. 不确定　D. 不太同意

E. 非常不同意

8. 日常《道德与法治》作业内容与生活实践相关。（ ）

A. 非常同意　B. 基本同意

C. 不确定　D. 不太同意

E. 非常不同意

9. 通常，教师设计的《道德与法治》作业偏重于巩固知识。(　　)

A. 非常同意　　B. 基本同意

C. 不确定　　D. 不太同意

E. 非常不同意

10. 我认为《道德与法治》相邻作业之间具有系统性。例如，后一课时的作业内容有对前一课时的回顾。(　　)

A. 非常同意　　B. 基本同意

C. 不确定　　D. 不太同意

E. 非常不同意

11. 教师设计的《道德与法治》作业内容主要来自哪里？(　　)

A. 课本　　B. 练习册

C. 试卷　　D. 教师自主设计

E. 其他

12.《道德与法治》作业难度适中。(　　)

A. 非常同意　　B. 基本同意

C. 不确定　　D. 不太同意

E. 非常不同意

13.《道德与法治》作业中有：背诵、观看新闻、观看电影等听说类作业。(　　)

A. 非常同意　　B. 基本同意

C. 不确定　　D. 不太同意

E. 非常不同意

14.《道德与法治》作业中有：思维导图、错题集等整理类作业。(　　)

A. 非常同意　　B. 基本同意

C. 不确定　　D. 不太同意

E. 非常不同意

15.《道德与法治》作业中有：实验、调查、家务劳动等动手操作类作业。(　　)

A. 非常同意　　　　B. 基本同意

C. 不确定　　　　　D. 不太同意

E. 非常不同意

16.《道德与法治》作业中有：参观博物馆、进行社会实践和社区服务等社会实践类作业。(　　)

A. 非常同意　　　　B. 基本同意

C. 不确定　　　　　D. 不太同意

E. 非常不同意

17.《道德与法治》作业中有：小组合作、团队合作等合作类作业。(　　)

A. 非常同意　　　　B. 基本同意

C. 不确定　　　　　D. 不太同意

E. 非常不同意

18.《道德与法治》教师会设计课前作业。(　　)

A. 非常同意　　　　B. 基本同意

C. 不确定　　　　　D. 不太同意

E. 非常不同意

19.《道德与法治》教师会设计课中作业。(　　)

A. 非常同意　　　　B. 基本同意

C. 不确定　　　　　D. 不太同意

E. 非常不同意

20.《道德与法治》教师会设计课后作业。(　　)

A. 非常同意　　　　B. 基本同意

C. 不确定　　　　D. 不太同意

E. 非常不同意

21. 作业主要由谁批改？（　　）

A. 老师批改　　　　B. 自己批改

C. 同学互批　　　　D. 家长批改

E. 不批改

22. 通常，老师批改《道德与法治》作业的方式是？（　　）

A. 打对错　　　　B. 评等级

C. 写评语　　　　D. 当面指出

E. 学生自己对答案改正

23.《道德与法治》作业使我坚定了政治方向，培育了家国情怀。（　　）

A. 非常同意　　　　B. 基本同意

C. 不确定　　　　D. 不太同意

E. 非常不同意

24.《道德与法治》作业能提升个人品德、家庭美德、社会公德和职业道德。（　　）

A. 非常同意　　　　B. 基本同意

C. 不确定　　　　D. 不太同意

E. 非常不同意

25.《道德与法治》作业使我树立了宪法法律至上、法律面前人人平等、权利义务相统一的理念，增强了守法用法意识和行为、生命安全意识和自我保护能力等。（　　）

A. 非常同意　　　　B. 基本同意

C. 不确定　　　　D. 不太同意

E. 非常不同意

26.《道德与法治》作业使我学会自尊自信、理性平和、积极向上、互爱互敬等。(　　)

A. 非常同意　　B. 基本同意

C. 不确定　　D. 不太同意

E. 非常不同意

27.《道德与法治》作业使我提升了主人翁意识、担当精神、有序参与等。(　　)

A. 非常同意　　B. 基本同意

C. 不确定　　D. 不太同意

E. 非常不同意

# 附录B：教师访谈提纲

## 一、访谈准备工作

（一）向访谈对象简单介绍访谈具体情况并表示感谢。同时，向访谈对象告知本次访谈结果将严格保密，作为研究资料时会隐去教师姓名等，使访谈对象放心回答。

（二）提前准备好访谈工具。

（三）提前掌握访谈对象的姓名、教龄等个人基本信息。

## 二、访谈问题

（一）请您谈谈对于核心素养的理解。

（二）请您谈谈作业设计与核心素养的关系。

（三）请您大致谈谈作业目标设计。

（四）请您谈谈作业内容设计有哪些？

（五）通常您会设计怎样的作业类型？

（六）请谈谈您的作业评价设计所包含的维度。

（七）请谈谈您所在学校对作业设计的要求。

（八）请谈谈您在作业设计中遇到最大的困难是什么？

# 附录C：《义务教育道德与法治课程标准（2022年版）》（部分）

道德与法治课程立足于发展学生核心素养，以引导学生学习和掌握道德与法律的基本规范，提升思想政治素质、道德修养、法治素养和人格修养为主旨，坚持学科逻辑与生活逻辑相统一，主题学习与学生生活相结合。内容选择体现社会发展要求，特别是中国特色社会主义进入新时代对道德与法治教育提出的新要求，突出中华民族传统美德、革命传统和法治教育，有机整合社会主义先进文化教育、革命文化教育、中华优秀传统文化教育、国家安全教育、生命安全与健康教育、劳动教育等相关主题。以学生的真实生活为基础，增强内容的针对性和现实性，突出问题导向，正视关注度高、涉及面广的问题，引导学生发现问题、分析问题、解决问题，提升道德理解力和判断力，强化规则、纪律、秩序、诚信、团结合作、冲突解决等教育。

道德与法治课程评价要围绕发展学生核心素养，发挥评价的引导作用，改进结果评价，强化过程评价，探索增值评价。结果评价要全面关注知识、情感和行为的发展，关注学生在学校、家庭和社会生活中的日常品行表现。过程评价要更加关注发挥评价的激励和改进功能。增值评价要关注学生思想品行的发展和进步，注重对学生的激励。坚持学生自我评价、教师评价、同伴评价、家长评价和社区评价相结合，借助信息技术探索和优化纸笔测试、学生成长记录袋、日常行为表现记录卡等定性和定量多种评价方式，提升道德与法治课程评价的科学性、专业性、客观性。

## 三、课程目标

道德与法治课程围绕核心素养，体现课程性质，反映课程理念，确立课程目标。

### （一）核心素养内涵

核心素养是课程育人价值的集中体现，是学生通过课程学习逐步形成的正确价值观、必备品格和关键能力。道德与法治课程要培养的核心素养，主要包括政治认同、道德修养、法治观念、健全人格、责任意识。政治认同是社会主义建设者和接班人必须具备的思想前提，道德修养是立身成人之本，法治观念是行为的指引，健全人格是身心健康的体现，责任意识是担当民族复兴大任时代新人的内在要求。

1. 政治认同

政治认同是指具备热爱伟大祖国、中华民族、中华文化、中国共产党、中国特色社会主义的情感，以及为中华民族伟大复兴而奋斗的志向，

能够自觉践行和弘扬社会主义核心价值观。政治认同主要表现为：

（1）政治方向。明确中国共产党的核心领导地位，充分认识中国共产党领导是中国特色社会主义最本质的特征，是中国特色社会主义制度的最大优势。拥护中国共产党，坚持中国特色社会主义道路，了解习近平新时代中国特色社会主义思想是当代中国马克思主义、二十一世纪马克思主义，是中华文化和中国精神的时代精华。

（2）价值取向。践行和弘扬社会主义核心价值观，坚定共产主义远大理想和中国特色社会主义共同理想，增进中华民族价值认同和文化自信。

（3）家国情怀。对家庭有深厚的情感，热爱家乡，热爱伟大祖国，热爱中华民族，自觉铸牢中华民族共同体意识，有以实现中华民族伟大复兴为己任的使命感。

培育学生的政治认同，有助于他们形成正确的世界观、人生观、价值观，坚定正确的政治方向，初步树立共产主义远大理想和中国特色社会主义共同理想，成为德智体美劳全面发展的社会主义建设者和接班人。

2. 道德修养

道德修养是指养成良好的道德品质和行为习惯，把道德规范内化于心、外化于行。道德修养主要表现为：

（1）个人品德。践行以爱国奉献、明礼遵规、勤劳善良、宽厚正直、自强自律为主要内容的道德要求，在日常生活中养成诚实守信、团结友爱、热爱劳动等个人美德和优良品行。

（2）家庭美德。践行以尊老爱幼、男女平等、勤劳节俭、邻里互助为主要内容的道德要求，做家庭的好成员。

（3）社会公德。践行以文明礼貌、相互尊重、助人为乐、爱护公物、保护环境、遵纪守法为主要内容的道德要求，做社会的好公民。

（4）职业道德。树立劳动不分贵贱的观念，理解以爱岗敬业、诚实守信、办事公道、热情服务、奉献社会为主要内容的职业道德，做未来的好建设者。

培育学生的道德修养，有助于他们经历从感性体验到理性认知的过程，传承中华民族传统美德，弘扬民族精神和时代精神，维护国家利益和安全，增强民族气节，明大德、守公德、严私德，形成健全的道德认知和道德情感，发展良好的道德行为。

3. 法治观念

法治观念是指树立宪法法律至上、法律面前人人平等、权利义务相统一的理念，使尊法学法守法用法成为人们的共同追求和自觉行为。法治观念主要表现为：

（1）宪法法律至上。理解宪法在法律体系中具有最高的权威，任何个人和组织都必须遵守宪法和法律，尊崇宪法和法律。

（2）法律面前人人平等。了解公民的合法权益一律平等地受到法律保护，对任何人的违法犯罪行为都依法予以追究，不允许任何人有超越法律的特权。

（3）权利义务相统一。理解每个公民都享有宪法和法律赋予的权利，同时也必须履行宪法和法律规定的义务。

（4）守法用法意识和行为。了解以民法典为代表的、与日常生活以及未成年人保护密切相关的法律法规，树立法治意识，养成守法用法的思维方式和行为习惯。

（5）生命安全意识和自我保护能力。了解和识别可能危害自身安全的行为，具备自我保护意识，掌握基本的自我保护方法，预防和远离伤害。

培育学生的法治观念，有助于他们形成法治信仰和维护公平正义的意识，做社会主义法治的忠实崇尚者、自觉遵守者、坚定捍卫者。

4. 健全人格

健全人格是指具备正确的自我认知、积极的思想品质和健康的生活态度。健全人格主要表现为：

（1）自尊自信。正确认识自己，珍爱生命，能够自我调节和管理情绪，具备乐观开朗、坚韧弘毅、自立自强的健康心理素质。

（2）理性平和。开放包容，理性表达意见，树立正确的合作与竞争观念，能够换位思考，学会处理与家庭、他人、集体和社会的关系。

（3）积极向上。有效学习，能够主动适应社会环境，确立符合国家需要和自身实际的健康生活目标，热爱生活，积极进取，具有适应变化、不怕挫折、坚韧不拔的意志品质。

（4）友爱互助。真诚、友善，拥有同理心，相互支持，相互帮助，具有互助精神。

培育学生的健全人格，有助于他们正确认识自我、学会学习、学会生活、学会合作，养成积极的心理品质，提高适应社会、应对挫折的能力。

5. 责任意识

责任意识是指具备承担责任的认知、态度和情感，并能转化为实际行动。责任意识主要表现为：

（1）主人翁意识。对自己负责，关心集体，关心社会，关心国家，维护祖国统一和国家安全，具备国家利益高于一切的观念。

（2）担当精神。具有为人民服务的奉献精神，积极参与志愿者活动、社区服务活动，热爱自然，践行绿色生活方式。

（3）有序参与。具有民主与法治意识，守规矩，重程序，能够依规依法参与公共事务，根据规则参与校园生活的民主实践。

培育学生的责任意识，有助于他们提升对自己、家庭、集体、社会、国家和人类的责任感，增强担当精神和参与能力。

**（二）总目标**

（1）学生能够初步了解中国的基本国情、中华优秀传统文化的主要代表性成果，了解中国共产党的历史和革命传统、改革开放和中国特色社会主义的伟大成就，汲取党史、新中国史、改革开放史、社会主义发展史所蕴含的精神力量，热爱伟大祖国、中华民族、中华文化、中国共产党和中国特色社会主义，为自己是中国人而自豪；具有维护民族团结的意识，能够把个人发展和国家命运联系起来，维护国家利益和安全；能够理解社会主义核心价值观的内涵及其重要意义，并在社会生活中自觉践行；能够以实现中华民族伟大复兴为己任，增强做中国人的志气、骨气、底气，不负时代，不负韶华，不负党和人民的殷切期望；关心时事，热爱和平，初步具有国际视野和人类命运共同体意识。

（2）学生能够了解个人生活和公共生活中基本的道德要求和行为规范，能够在日常生活中践行诚实守信、团结友爱、尊老爱幼等基本的道德要求；形成初步的道德认知和判断，能够明辨是非善恶；通过体验、认知和践行，养成良好的道德品质。

（3）学生能够具有基本的规则意识和安全意识，理解宪法的意义，知道与学生生活密切相关的法律，能够初步认识到法律对个人生活、社会秩序和国家发展的规范和保障作用；形成宪法法律至上、法律面前人人平等观念和权利义务相统一观念；遵守规则和法律规范，提高自我防范意识，掌握基本的自我保护方法，预防意外伤害，养成自觉守法、遇事找法、解决问题靠法的思维习惯和行为方式，初步具备依法参与社会生活的能力。

（4）学生能够正确认识生命的意义和价值，珍爱生命，热爱生活；初步具有自尊自强、坚韧乐观的心理素质和道德品质；具有理性平和的心态，能够建立良好的同伴关系、师生关系和家庭关系，树立正确的合作与竞争观念，具有团队意识和互助精神；具备积极向上、锐意进取的人生态

度，能够适应变化，不怕挫折。

（5）学生能够关心集体、社会和国家，具有主人翁意识、责任感和集体主义精神，主动承担对自己、家庭、学校和社会的责任，自觉维护祖国统一和国家安全；能够主动参与志愿者活动、社区服务活动，具有为人民服务的奉献精神，勇于担当；能够遵守社会规则和社会公德，依法依规有序参与公共事务，具有公共意识和公共精神；敬畏自然，保护环境，形成人与自然生命共同体的意识。

## （三）学段目标

| 核心素养 | 第一学段（1—2年级） | 第二学段（3—4年级） | 第三学段（5—6年级） | 第四学段（7—9年级） |
|---|---|---|---|---|
| 政治认同 | •认识国旗、国徽，知道自己是中国人；了解老一辈无产阶级革命家和英雄模范人物，对他们有崇敬之情。 | •初步感知基本国情，为自己是中国人感到自豪。 | •初步了解国情，具有维护国家利益和祖国尊严的意识与行动，形成中国人的身份认同感；初步认识重要历史事实，了解我国发展的历史方位和中国共产党的光辉历程。 | •初步了解党史、新中国史、改革开放史、社会主义发展史，知道党的百年奋斗重大成就和历史经验，领悟伟大建党精神的内涵，能够以恰当的方式弘扬爱国主义精神，开展中国共产党人的精神谱系教育；了解我国决胜全面建成小康社会取得的决定性成就和全面建设社会主义现代化强国的新征程；理解中国梦的内涵，树立为中华民族伟大复兴而奋斗的理想。 |
| | •感知中华优秀传统文化的主要文化符号，对中华优秀传统文化具有亲切感。 | •初步了解中华优秀传统文化的主要代表性成果，感受中华优秀传统文化的魅力。 | •了解中华优秀传统文化的主要代表性成果及其意义，为中华民族创造的文明成就感到自豪。 | •体会中华文化的源远流长与博大精深；理解中华优秀传统文化的核心思想理念、人文精神和传统美德，弘扬民族精神，具有强烈的中华民族自豪感；学习和理解社会主义先进文化和革命文化，坚定文化自信。 |

续表

| 核心素养 | 第一学段（1—2年级） | 第二学段（3—4年级） | 第三学段（5—6年级） | 第四学段（7—9年级） |
|---|---|---|---|---|
| 政治认同 | •认识党旗，热爱中国共产党，积极加入中国少年先锋队。 | •结合革命故事，知道没有共产党就没有新中国，热爱中国共产党，积极参加中国少年先锋队的活动。 | •简要了解中国共产党的历史和革命传统，了解中国共产党带领人民彻底摆脱了被欺负、被压迫、被奴役的命运，成为国家、社会和自己命运的主人；热爱中国共产党。 | •了解中国共产党带领中国人民进行革命、建设、改革的历史性成就，认识中国共产党在国家独立、人民解放、国家富强、民族复兴进程中的领导作用；积极加入中国共产主义青年团。 |
| | •知道中国是社会主义国家。 | •感知中国特色社会主义的伟大成就。 | •初步了解中国特色社会主义制度的优越性。 | •了解中国特色社会主义制度的优越性，坚定道路自信、理论自信、制度自信、文化自信，能够在生活和学习中自觉维护国家主权、尊严和利益。 |
| | •知道社会主义核心价值观。 | •初步理解社会主义核心价值观的要求，在日常生活和集体活动中加以践行。 | •理解社会主义核心价值观的内涵，在日常生活和社会活动中积极践行。 | •理解社会主义核心价值观的内涵及其重要意义，在日常生活和社会活动中自觉践行。 |
| 道德修养 | •知道健康生活、卫生习惯的基本常识和要求。 | •初步养成健康的生活、卫生习惯，关心公共卫生。 | •养成健康的生活、卫生习惯，自觉维护公共卫生。 | •养成健康、文明的生活方式，懂得生命的意义，热爱生活。 |

续表

| 核心素养 | 第一学段（1—2年级） | 第二学段（3—4年级） | 第三学段（5—6年级） | 第四学段（7—9年级） |
|---|---|---|---|---|
| 道德修养 | •懂礼貌，讲诚信，守约定，不撒谎，与同伴友好相处。 | •掌握基本的交往礼仪，懂得个人成长离不开社会和他人的支持与帮助，诚实守信。 | •懂得自律，诚实守信，能够得体地与人交往，团结互助，能够平等友好地与他人相处，学会合作。 | •遵守基本的社交礼仪，理性维护社会公德；理解诚信是做人的基本要求，做到言行一致；团结同学，宽容友爱。 |
| | •感知父母的辛劳，孝敬父母，尊重师长。 | •孝敬父母，尊重师长，体会父母的养育之恩和师长的辛劳。 | •孝敬父母，尊重师长，懂得感恩，养成孝敬父母、尊敬师长的良好品质。 | •感念父母养育之恩、长辈关爱之情，能够以感恩的心与父母和长辈沟通，能够为父母分忧解难，尊重师长。 |
| | •爱护家庭、学校和公共环境卫生，爱护公物，遵守公共秩序。 | •体验公共设施给自己生活带来的便利，爱护公共设施，遵守公共秩序。 | •认识到公共设施给人们生活带来的便利，自觉爱护公共设施，自觉遵守公共秩序。 | •维护公共秩序，讲社会公德，爱护公共财物，在公共生活中做一个文明的社会成员。 |
| | •爱劳动，知道财富是由劳动创造的。 | •树立劳动意识，积极参加劳动实践，懂得劳动光荣、劳动不分贵贱。 | •感受劳动创造的意义，热爱劳动，主动承担力所能及的劳动，尊重各行各业的劳动者。 | •感知劳动创造的成就感、幸福感，领会劳动对个人和社会的价值，形成诚实劳动、劳动创造美好生活的意识；初步了解职业道德规范，立志做未来的好建设者。 |
| 法治观念 | •遵守学校纪律，维护课堂秩序。 | •具有规则意识并学会遵守规则。 | •知道宪法，感受宪法对社会和生活的重要性，形成初步的法治意识。 | •了解法律对个人生活、社会秩序和国家发展的作用，理解法治的本质及特征。 |

续表

| 核心素养 | 第一学段（1—2年级） | 第二学段（3—4年级） | 第三学段（5—6年级） | 第四学段（7—9年级） |
| --- | --- | --- | --- | --- |
| 法治观念 | •了解生活中的规则，知道在生活中人人都应遵守规则，具有初步的规则意识。 | •了解社会交往的基本规则，树立平等意识，互相尊重。 | •了解公民的基本权利和义务，树立权利和义务相统一的观念。 | •了解宪法的主要内容，明确宪法的地位与作用，认识国家基本制度和国家机构，知道中国共产党领导是中国特色社会主义最本质的特征，是中国特色社会主义制度的最大优势。 |
| | •了解生活中基本的安全常识，掌握常用的求助信息。 | •知道法律能够保护自己的生活。 | •知道民法典，了解未成年人的权利，树立用法律保护个人生命财产安全的意识。 | •了解以民法典为代表的、与日常生活相关的法律，理解法律是实现和维护公平正义的基本途径。 |
| | | | •知道违法要承担责任，形成守法意识。 | •认识违法行为及其法律责任，理解犯罪的特征及后果，主动预防未成年人犯罪。 |
| | | | •了解每个人都有维护国家利益和安全的责任。 | •了解法律对国家安全的保障作用，自觉履行维护国家安全的义务。 |
| 健全人格 | •热爱生命，懂得自我保护，远离伤害。 | •初步认识和体验人的生命是可贵的，珍惜生命。 | •树立生命至上的观念，敬畏生命，掌握基本的应对灾害和保护生命安全的技能。 | •懂得生命的意义和价值，热爱生活，确立正确的人生观。 |
| | •体会成长的快乐，能够看到自己的进步和不足，欣赏他人的优点和长处。 | •学会认识自己，理解他人，对他人有同情心。 | •正确认识自己，自信乐观，与他人平等地交流与合作，建立良好的同伴关系。 | •正确认识自己，能够自我反思，不断完善自我，保持乐观的态度，学会合作，树立团队意识。 |

续表

| 核心素养 | 第一学段（1—2年级） | 第二学段（3—4年级） | 第三学段（5—6年级） | 第四学段（7—9年级） |
|---|---|---|---|---|
| 健全人格 | •能够感知自己的消极情绪，知道可以向老师和家人寻求帮助。 | •能够识别消极情绪，学习调节情绪的方法。 | •学习调控情绪，掌握自我调控情绪的方法。 | •能够自主调控自身的情绪波动，具有良好的沟通能力，主动建立良好的人际关系。 |
| | •乐于学习，逐渐培养专注力。 | •做事有耐心，在克服困难中增强自信心。 | •不怕困难，具有一定的抗挫折能力。 | •养成自尊自信的人生态度，在生活中磨炼意志，形成良好的抗挫折能力。 |
| | •能够表达自己的感受，学习倾听他人的意见。 | •能够表达自己的感受和见解，倾听他人的意见，体会他人的心情和需要。 | •能够清楚表达自己的感受和见解，乐于倾听他人的意见，体会他人的心情和需要。 | •能够清楚表达自己的感受和见解，善于倾听他人的意见，自我改进。 |
| | •感知并学习适应环境的变化。 | •学会适应环境的变化。 | •认识个人与社会、国家和世界的关系，能够适应社会环境的变化。 | •理解个人与社会、国家和世界的关系，积极适应社会发展变化。 |
| | | | •初步了解自己的身心成长特征。 | •认识青春期的身心特征，建立同学间的友谊，把握与异性交往的尺度。 |
| 责任意识 | •学会自己的事情自己做，减轻父母的负担。 | •主动参与力所能及的家务，学会承担家庭责任。 | •学习参与家庭决策，为父母分忧。 | •自觉分担家庭责任，体会敬业精神的重要性，具有较强的责任感。 |

续表

| 核心素养 | 第一学段（1—2年级） | 第二学段（3—4年级） | 第三学段（5—6年级） | 第四学段（7—9年级） |
|---|---|---|---|---|
| 责任意识 | •热爱学校和班集体，积极参与学校和班级活动，有集体荣誉感，能够关心和帮助他人。 | •热爱集体，积极参与集体活动和民主管理，有互助意识。 | •关心公益事业，学习民主管理的规则和程序，参加力所能及的社会公益和志愿者活动，有团队意识，能够与他人合作互助。 | •关心社会，知道我国全过程人民民主制度的优越性，了解时政，主动参与社会公益活动和志愿者活动；在团队合作互动中增强合作精神和领导力。 |
| | •知道中华民族是一个统一的大家庭。 | •初步了解维护国家统一和民族团结的重要性。 | •树立维护国家统一和民族团结的责任意识。 | •具备国家利益高于一切的观念，能够以实际行动维护民族团结，捍卫国家主权。 |
| | •亲近自然，爱护动植物。 | •热爱自然，了解自然是我们生活的共同家园，懂得保护环境、爱护动物、节约资源。 | •热爱并尊重自然，自觉保护环境、爱护动物，初步了解可持续发展理念。 | •敬畏自然，具有绿色发展理念，初步形成环保意识和生态文明观；能够在日常生活中自觉践行生态文明的理念。 |

“五四”学制第二学段（3—5年级）目标主要参照“六三”学制第三学段（5—6年级）目标确定，适当降低要求。“五四”学制第三学段（6—7年级）目标在“六三”学制第三学段（5—6年级）目标基础上合理提高要求，结合“六三”学制第四学段（7—9年级）目标确定，使“五四”学制6—9年级目标进阶更加科学。

## 五、学业质量

### （一）学业质量内涵

学业质量是学生在完成课程阶段性学习后的学业成就表现，反映发展学生核心素养的要求。

学业质量标准是以核心素养为主要维度，结合课程内容，对学生学业成就具体表现特征的整体刻画。

### （二）学业质量描述

根据不同学段学业成就表现的关键特征，道德与法治课程学业质量标准呈现的是学生学习成效的典型特征，以反映课程目标的达成度，旨在引导教师转变育人方式，树立科学的学业质量观。学业质量标准是指导评价与考试命题的基本依据，也用于指导教材编写、教学与课程资源建设。道德与法治课程学业质量标准按照四个学段呈现。

| 学段 | 学业质量描述 |
| --- | --- |
| 第一学段（1—2年级） | 能够准确讲出中国的全称，知道国旗、国歌、国徽是国家的象征，能够认识中国版图，知道主要传统节日与纪念日的来历与含义，具有作为中国人的自豪感，能够识别道路交通和安全标识，具有一定的安全意识（政治认同、法治观念）；能够结合个人与学校生活，分析自己的进步与优点，按照正确的行为要求去行动，具有良好的意志品质，知道合理调控消极情绪的方法（道德修养、健全人格）；能够陈述社会主义核心价值观的概念，能够讲述老一辈无产阶级革命家和我国著名英雄模范人物的事迹及其榜样示范作用，能够结合日常生活体会勤俭节约和自强不息是中华民族传统美德（政治认同、健全人格、道德修养）。 |

续表

| 学段 | 学业质量描述 |
| --- | --- |
| 第一学段（1—2年级） | 能够尊重国旗、国徽，饱含感情地唱国歌、少先队队歌（政治认同）；在家庭、学校等生活情境中，能够遵守与他人的约定，正确使用礼貌用语，合作学习、共同进步，知道感恩，遵守课堂纪律和作息时间，维护学校秩序，入学适应良好，爱护公共设施（道德修养、法治观念、责任意识）；在日常生活中，能够自己的事情自己做，承担力所能及的家务劳动，具有健康、安全的生活习惯，具备勤俭节约的意识，爱护大自然（道德修养、健全人格、责任意识）。 |
| 第二学段（3—4年级） | 在地图上能够指出家乡所在省份和地理位置，了解中华优秀传统文化的代表性成果，举例讲述新中国建设的伟大成就，对祖国未来充满信心，能够结合实例讲述维护国家统一与民族团结的意义，知道祖国领土神圣不可侵犯（政治认同、法治观念）；能够讲述革命英雄人物的事迹，结合家庭与社会生活简要说明优良家风的意义，举例讲述中华民族传统美德，简要分析遵守规则的重要性，能够结合日常生活讲述爱护公共设施人人有责的意义，热爱劳动、尊重劳动者，能够结合生活中的实例讲述职业没有高低贵贱之分（政治认同、道德修养、法治观念）；珍爱生命，热爱生活，具有安全自律意识（道德修养、健全人格、责任意识）。<br>能够结合日常生活和集体生活践行社会主义核心价值观，爱护环境卫生，以恰当方式表达对长辈和老师的感激之心，遵守待人接物的基本礼仪，能够与同学平等相处、与邻里和睦相处，关心家庭，积极分担家务劳动，遵守基本的网络交往道德规范（道德修养、健全人格、责任意识）；在学校和社会生活中，遵守社会规则（法治观念、道德修养、责任意识）；具有良好的意志品质，明辨是非，掌握自我保护技能，勤俭节约，能够理解“绿水青山就是金山银山”的道理，自觉保护自然环境（健全人格、责任意识）。 |
| 第三学段（5—6年级） | 知道马克思主义的指导地位、中国共产党的主要革命历史与党的根本宗旨，初步了解中国特色社会主义道路的意义、习近平新时代中国特色社会主义思想精髓，能够讲述人民军队在不同时期的名称由来，热爱人民军队，能够结合个人与社会生活中的实例理解法律的重要性，知道宪法是国家根本法，了解公民基本权利与义务以及未成年人的权利，能够结合实例讲述法律面前人人平等的原则（政治认同、法治观念）；能够结合社会生活，根据社会主义核心价值观判断是非对错，具有良好的集体意识与团队精神，举例讲述在长期奋 |

续表

| 学段 | 学业质量描述 |
| --- | --- |
| 第三学段<br>（5—6年级） | 斗中构建起的中国共产党人的精神谱系（政治认同、道德修养）；能够用实例说明中华文化的源远流长与博大精深，了解中华民族对人类文明的贡献（政治认同、道德修养）；能够结合实例简要说明维护国家安全的重要性，能够结合实例论述如何维护国家利益和安全（政治认同、法治观念、责任意识）；能够举例说明世界文化的多样性，知道文明交流互鉴的重要性，讲述构建人类命运共同体的意义（政治认同、责任意识）。<br>能够完成学习和作息计划，形成健康生活习惯，能够用与生活相关的法律维护自己的合法权益（道德修养、健全人格、法治观念、责任意识）；能够结合家庭、学校和社会生活，理性思考，平等待人，主动分担家务劳动，积极服务社会，做一名家庭好成员和社会好公民（道德修养、健全人格、责任意识）；能够践行社会主义核心价值观，维护公共秩序与社会安全，遵守法律规定（政治认同、道德修养、法治观念、责任意识）；能够结合生活实例阐述如何做到自尊自爱自强，能够辨识失信失德的行为表现，知道诚实守信的意义（道德修养、健全人格、法治观念）；能够自我保护，有安全意识，抵制不良行为与违法行为，拒绝参与危害社会安全的活动（道德修养、法治观念、责任意识）；能够讲述环境保护的重要性，就如何实现可持续发展提出建议（道德修养、法治观念、责任意识）。 |
| 第四学段<br>（7—9年级） | 能够结合史实阐明伟大建党精神是中国共产党的精神之源，是我们党领导人民向第二个百年奋斗目标进军的强大动力（政治认同、道德修养）；能够结合实例初步阐释中国共产党为什么能、马克思主义为什么行、中国特色社会主义为什么好，了解中国发展的历史方位与中国社会的主要矛盾，能够简要论述习近平新时代中国特色社会主义思想是当代中国马克思主义、二十一世纪马克思主义，能够深刻理解中国特色社会主义进入新时代，党和国家事业取得的历史性成就、发生的历史性变革（政治认同、道德修养）；能够结合实例阐明人民代表大会制度、中国共产党领导的多党合作和政治协商制度、民族区域自治制度、基层民主制度、“一国两制”的基本内容和意义（政治认同、法治观念）；能够尝试化解青春期烦恼，采取正确方法面对成长过程中的顺境和逆境，自我管理，具有亲社会行为，敬畏生命，热爱生活（道德修养、健全人格、责任意识）；能够结合社会发展和个人实际制订个人生涯发展规划，具有实现中华民族伟大复兴的使命感和责任感（政治认同、责任意识）；了解习近平法治思想， |

续表

| 学段 | 学业质量描述 |
|---|---|
| 第四学段（7—9年级） | 具有宪法法律至上的观念，能够正确认识和行使公民权利、履行公民义务，运用实际案例说明与生活相关的法律规定（法治观念、责任意识）；能够举例说明社会主义先进文化、革命文化和中华优秀传统文化的主要特征，坚定文化自信（道德修养、政治认同）；能够结合实例理解维护国家安全的重要性，阐明如何自觉维护国家安全（政治认同、法治观念、责任意识）；知道全人类共同价值的内涵，具有初步的国际视野，了解主要的国际组织，阐明维护以联合国为核心的国际体系的意义，阐述构建人类命运共同体的意义（政治认同、责任意识）。 |

“五四”学制学段学业质量标准参照学段目标研制。

## 六、课程实施

### （一）教学建议

上好道德与法治课，关键在教师。教师要不断提高自己的理论水平和专业素养，按照政治强、情怀深、思维新、视野广、自律严、人格正的要求，坚持政治性和学理性相统一、价值性和知识性相统一、建设性和批判性相统一、理论性和实践性相统一、统一性和多样性相统一、主导性和主体性相统一、灌输性和启发性相统一、显性教育和隐性教育相统一，增强道德与法治课程的思想性、理论性和亲和力、针对性。

1. 立足核心素养，制订彰显铸魂育人的教学目标

教师应从发展学生核心素养的角度制订教学目标，将核心素养的培育作为教学的出发点和落脚点，使教学目标在培育学生核心素养方面起到指引性、规定性的作用。

在确立教学目标时，教师要注意以下几点：第一，政治立场鲜明。符

合马克思主义基本要求，符合中国特色社会主义基本立场，对错误的社会思潮旗帜鲜明地加以批判。第二，价值导向清晰。符合社会主义核心价值观，坚持马克思主义国家观、民族观、历史观、文化观、宗教观，符合全人类共同价值。第三，知行要求明确。要根据学生年龄特征和不同学段特点对观念认知与道德品行进行科学设计，制订具体、适切和可操作的目标，在教学中引导学生知行合一。

设计具体的教学目标时，要准确理解课程依据的基础理论、基本知识和价值规范，注意以透彻的学理分析回应学生，以彻底的思想理论说服学生，以真理的强大力量引导学生，以情感激发学生，以文化熏陶学生。

2. 及时丰富和充实教学内容，反映党和国家重大实践和理论创新成果

教学要围绕课程内容体系，及时跟进社会发展进程，结合国内外影响较大的时事进行讲解。要将党和国家重大实践和理论创新成果引入课堂，充分体现马克思主义中国化最新成果。要密切联系社会生活和学生生活实际，用富有时代气息的鲜活内容，以学生喜闻乐见的方式，增强道德与法治教育的时效性、生动性、新颖性，让道德与法治课成为有现实关怀和人文温度的课堂。

3. 把握思想教育基本特征，实现说理教育与启发引导有机结合

思想政治理论、道德与法律规范都不是自发生成的，必须发挥教师在教学中的主导作用，通过讲解让学生了解基本概念、原理和理论。教师既要深入浅出地把道理讲清楚讲透彻，也要启发学生主动学习，加以领悟和理解。

按照灌输性和启发性相统一的原则，做到“灌中有启”“启中有灌”。教师在讲述中要注意用可以激发学生兴趣的素材和问题引导学生自己主动思考领会，不搞填鸭式的“硬灌输”；要在鼓励学生主动学习、积极思考中对政治方向和价值导向加以规范和引导，不能“放任自流”。在灌启结

合中辩证地理解教师主导性和学生主体性的统一，要正视学生的困惑与疑问，通过摆事实讲道理，让学生心悦诚服接受结论、水到渠成得出结论，真正实现以理服人。

4. 丰富学生实践体验，促进知行合一

教学要与社会实践活动相结合，加强课内课外联结，实现隐性课程与显性课程相配合。

注重案例教学，选择、设计和运用个人和社会生活中的典型实例，鼓励学生探究、讨论，提高学生的价值辨析能力。案例选择要关注以下几点：一要坚持正面引导为主；二要紧扣时代主题，反映学生关注的现实问题；三要具有真实性、典型性、可扩展性，能够服务核心素养的培育；四要关注学生的认知水平和接受能力，具有一定的感染力和说服力，能够引起共鸣。

要积极探索议题式、体验式、项目式等多种教学方法，引导学生参与体验，促进感悟与建构。要采取热点分析、角色扮演、情境体验、模拟活动等方式，引导学生开展自主探究与合作探究，让学生认识社会。

通过参观访问、现场观摩、志愿服务、生产劳动、研学旅行等方式走向社会，增进学生对国情、社情、民情的了解，增强爱国情感。鼓励学生在社会实践中扩展自己的视野，提升自己的能力，学以致用，知行合一。

**（二）评价建议**

评价是检验、提升教学质量的重要方式和手段。要充分发挥评价的诊断、激励和改善功能，促进学生发展和改进教师教学。

1. 教学评价

评价主要涉及价值观念、学习态度、过程表现、学业成就等多方面，贯穿道德与法治课程学习的全过程和教学的各个环节，发挥以评促教、以评促学、以评育人的功能。

（1）基本原则

坚持素养导向。围绕课程目标，依据课程的内容要求、学业要求和学业质量标准，进行全面、综合的评价，要注重从学生理想信念、爱国情怀、担当精神、品德修养、法治观念、日常品行表现等方面加以考查，引导学生践行社会主义核心价值观，弘扬社会主义先进文化、革命文化和中华优秀传统文化。

坚持以评促学。倡导以评价促进学习的理念，关注学生真实发生的进步，捕捉、欣赏、尊重学生有创意的、独特的表现，并予以鼓励，不断加深学生的知行体验，引导学生发现自己的潜能，合理运用评价结果改进学习，知行合一。

坚持以评促教。通过对学生的过程评价和学习结果反馈，促进教师反思并改进教学方式，使教能够更好地服务于学，努力实现“教—学—评”一致性。

重视表现性评价。围绕学生道德与法治课程学习实践性、体验性等特点，注重观察、记录学生在学习、实践、创作等活动中的典型行为和态度特征，运用成果展示、观点交流等形式，对学生的学习情况进行质性分析，同时兼顾其他评价方式的应用。注重引导学生对自己的学习历程进行写实记录，丰富评价内容，提高评价的全面性、准确性。

坚持多主体评价。充分发挥学校、教师、学生、家长等不同评价主体或角色的作用，形成多方共同激励的机制，从各个渠道，采取多种方式全面观察和收集学生在各种场景中的日常品行表现，各评价主体之间要充分沟通交流，形成育人合力，增强学生学习的动力和信心。

（2）评价内容

要对学生核心素养的综合发展状况进行评价，兼顾学生学习态度、参与学习活动的程度以及对课程内容的理解应用水平；要着重评价学生在日常生活与学习中表现出的思想政治素养、道德品行、法治观念，以及在真实情境与任务中运用所学知识分析问题、解决问题时所表现出的核心素养发展综合水平。

（3）评价方法

要综合运用观察、访谈、作业、纸笔测试等方法全面获取和掌握学生核心素养发展的相关信息，加强纸笔测试与观察、谈话等方式的结合，关注不同情境中学生日常品行表现，避免仅凭考试分数判断学生水平的传统单一评价方式。要根据评价情况及时分析原因，调整教学方式。

观察应着重关注学生课堂学习、小组合作、劳动和社会实践中的表现；多视角、全面地观察，获取真实信息，为客观地对学生进行评价提供参考。

访谈包括与学生、其他任课教师、家长谈话交流。要增强针对性，重视学生道德修养、法治观念、规则意识、行为习惯等方面的进步。发挥评价的价值引领作用，尊重学生的人格，保护学生的隐私。

作业是学习评价的重要手段，作业内容要结合学生生活，创新作业方式，采用开放性、情境性、体验式等形式多样、难度适宜、数量适当的作业。注重设计带有团队合作性质的、项目任务性质的作业，以掌握学生的学业达成情况，及时评价、反馈、指导学生学习。

纸笔测试要根据学业水平要求科学设计试题，灵活设计多种题型，注重考查学生运用知识分析和解决实际问题的能力，发挥其在诊断学情教情、改进教学、评价教学质量等方面的功能；纸笔测试要注重增加综合性、开放性、应用型、探究性试题比例，不出偏题怪题，减少记忆性试题，防止试题难度过大。

（4）主要环节的评价

①课堂评价

课堂评价是教学的有机组成部分。教师应面向全体学生进行评价，评价内容包括学生在学习过程中的道德品行、价值观念、学习态度、课堂学习阶段目标的达成情况等方面。通过观察、提问、交流、记录等方式，了解学生在合作探究、交流展示以及实践反思等过程中的学习进程、行为表现，分析、把握学生的价值观念、学习态度、学习体验、学习困难，给予必要的指导。评价反馈应注重即时性、生成性、针对性，以鼓励为主，激发学生的积极性，同时指出存在的问题，帮助学生改进学习。

②作业评价

作业评价既要关注结果，如学习作品，包括内容品质、呈现形式等，也要关注过程，如完成方案策划、素材收集、创意构思等方面的参与状况。在对作业质量整体把握的基础上，进一步对作业要素或组成部分进行单项分析。依据作业意图，确定作业评价侧重点，可注重统一要求，也可注重创意表达，处理好两者之间的关系。综合运用质性分析和量化评定，更加重视书面或口头反馈，发挥评价的引导、激励功能。

③期终评价

期终评价应立足于对学生核心素养发展状况进行全面评定，应包括课堂评价、作业评价和期终考核的结果。其中，期终考核要依据本学期的课程目标、内容、教学实际组织实施，注重采用具有综合性的题目或任务，针对学段特点，可运用家校劳动任务、作品成果展示、纸笔测试、档案袋等方式。

（5）评价结果的呈现

评价结果可以采用分项等级制加评语的方式呈现，避免单纯以分数评价学生。评语要简练，中肯，有针对性，使学生准确了解自己的表现和结果，并知道今后的努力方向。针对不同学生的特点，对评价结果要作个性化、发展性的解读。

## 附录 核心素养学段表现

| 核心素养 | 1—6年级 | 7—9年级 |
| --- | --- | --- |
| 政治认同 | 爱祖国，爱人民，爱家乡，爱中国共产党，爱社会主义，在情感和政治上认同伟大祖国、中华民族、中华文化、中国共产党、中国特色社会主义，有强烈的中国人身份认同感。知道中国共产党是伟大光荣正确的党。在日常生活中践行和弘扬社会主义核心价值观。有以实现中华民族伟大复兴为己任的使命感。 | 在政治思想、理论、情感上认同伟大祖国、中华民族、中华文化、中国共产党、中国特色社会主义，主动践行和弘扬社会主义核心价值观，有强烈的民族自豪感，坚定理想信念，坚信马克思主义真理的力量，知道习近平新时代中国特色社会主义思想是当代中国马克思主义、二十一世纪马克思主义，是中华文化和中国精神的时代精华。初步树立共产主义远大理想和中国特色社会主义共同理想，有为实现中华民族伟大复兴中国梦而奋斗的志向。 |
| 道德修养 | 努力形成良好的个人品德、家庭美德、社会公德，尊敬师长、团结友爱、勤劳节俭、礼貌待人、诚实守信、助人为乐、爱护公物、保护环境，知道劳动不分贵贱。在家庭做一个好成员，在学校做一个好学生。 | 初步具备正确的道德判断和道德选择能力，自觉践行良好的个人品德、家庭美德和社会公德，理解“明大德、守公德、严私德”，做一个文明的社会成员。形成诚实劳动的意识，初步了解职业道德规范，有做未来好建设者的志向。 |

续表

| 核心素养 | 1—6年级 | 7—9年级 |
| --- | --- | --- |
| 法治观念 | 了解宪法常识，初步认识宪法的地位，具有初步的平等观念，知道法律面前人人平等，了解公民的基本权利和义务，了解生活中的法律规范，形成规则意识，知道法律能够保护自己的生活，养成遵纪守法的行为习惯，具备自我保护意识和初步的自我保护能力。 | 了解习近平法治思想的基本精神与核心要义。初步了解宪法主要内容，以及个人参与社会生活必备的基本法律常识，强化宪法法律至上、法律面前人人平等、权利与义务相统一和守法用法意识，初步树立公平正义、民主法治等观念，初步具备依法维护自身合法权益、参与社会生活的能力，具有生命安全意识和一定的自我保护能力。 |
| 健全人格 | 能够正确认识自己，平等对待他人，乐观开朗，自尊自信，珍惜生命，能够觉知、调节自己的情绪。能够与父母、同伴、老师等进行良好的沟通与交往；能够理解和帮助他人。具有积极向上的心理素质和道德品质，能够勇于克服困难，主动适应生活环境的变化。具有一定的同理心，能友爱互助。 | 具有自立自强、理性平和、坚韧乐观的人格，懂得生命的价值和意义，能够主动调节和管理自己的情绪。能够与他人进行有效沟通，树立正确的合作与竞争观念，真诚、友善，具有互助精神。能够主动适应社会环境的变化，具备应对挫折的积极心理品质。 |
| 责任意识 | 关心他人和集体，积极参加集体活动，有集体荣誉感，学会对自己负责，主动承担相应的家庭和学校事务，树立主人翁意识。热爱自然，爱护学校、社区和公共环境。树立维护民族团结、祖国统一和国家安全的责任意识。 | 关心公共事务，关心国家发展和前途命运，具备国家利益高于一切的观念。积极参与志愿者活动、社区服务活动，有社会责任感，勇于担当，有为人民服务的奉献精神。具有现代生态文明观，践行绿色生活方式，自觉保护环境。具备民主与法治意识，积极参与公共事务和民主实践。 |

# 参考文献

## 一、中文著作

［1］［美］霍华德·加德纳．多元智能［M］．沈致隆，译．北京：新华出版社，1999．

［2］艾琳·迪普卡．聚焦家庭作业：改进时间、设计以及反馈的方法和技巧［M］．陶志琼，译．南京：江苏凤凰科学技术出版社，2020．

［3］顾明远主编．教育大辞典［M］．上海：上海教育出版社，1998．

［4］凯洛夫．教育学上册［M］．沈颖，等，译．北京：人民教育出版社，1950．

［5］李升勇．大课堂大教育［M］．北京：首都师范大学出版社，2011．

［6］玛格丽特·马特林．认知心理学：理论、研究和应用（原书第8版）［M］．李永娜，译．北京：机械工业出版社，2016．

［7］王月芬，张新宇．透析作业：基于3000份数据的研究［M］．上海：华东师范大学出版社，2014．

［8］王月芬．重构作业——课程视域下的单元作业［M］．北京：教育

科学出版社，2021.

［9］夏雪梅. 作业设计：基于学生心理机制的学习反馈［M］. 北京：教育科学出版社，2014.

［10］艾尔菲·科恩. 家庭作业的迷思［M］. 项慧玲，译. 北京：教育科学出版社，2017.

［11］森敏昭. 21世纪学习的创造［M］. 京都：北大路书房，2015.

［12］沈晓敏，赵孟仲，程力，等. 道德与法治学科核心素养研究［M］. 上海：华东师范大学出版社，2022.

［13］朱丽萍. 高中思想政治课深度学习研究［M］. 上海：上海教育出版社，2022.

［14］余汉清，徐红. 核心素养视野下道德与法治课智能生成课堂［M］. 成都：四川大学出版社，2021.

［15］王礼新，刘媛，李岚，徐宝贵. 高考命题改革下，思想政治教学中的关键问题［M］. 北京：中国青年出版社，2020.

［16］孙霞，陈险峰. 基于核心素养的高中思想政治教学关键问题解析［M］. 北京：高等教育出版社，2023.

［17］余文森. 核心素养导向的课堂教学［M］. 上海：上海教育出版社，2017.

［18］［美］布鲁纳. 布鲁纳教育文化观［M］. 宋文里，等，译. 北京：首都师范大学出版社，2012.

［19］马扎诺，等. 教育目标的新分类学（第2版）［M］. 商凌飚，等，译. 北京：教育科学出版社，2012.

［20］魏屹东，等. 认知、模型与表征：一种基于认知哲学的探讨［M］. 北京：科学出版社，2016.

## 二、期刊论文

［1］白雪峰，张立坤．何以优化初中道德与法治课作业设计［J］．中学政治教学参考，2022（35）：78-80.

［2］蔡明生．以“学”为中心的课堂教学要素构建策略［J］．河南教育（教师教育），2024（2）：60-61.

［3］陈俊．围绕“一核四翼”引领政治认同［J］．中学政治教学参考，2023（10）：9-11.

［4］陈良彬，向运红．发挥初中道德与法治教学引领功能培养学生核心素养［J］．中国教育学刊，2023（12）：102.

［5］陈倩倩．四个转向：作业优化的策略思考［J］．中学政治教学参考，2021（2）：14-15.

［6］崔允漷．追问“核心素养”［J］．全球教育展望，2016，45（5）：3-10+20.

［7］冯建军．义务教育道德与法治课程理念［J］．课程·教材·教法，2022，42（6）：20-28.

［8］高晓慧．国外关于核心素养的文献综述［J］．知识文库，2019（20）：7-8.

［9］高洁．技术哲学视角下作业的本质及其实践策略［J/OL］．首都师范大学学报（社会科学版），1-13［2024-03-12］．http：//kns.cnki.net/kcms/detail/11.3188.C.20230908.1843.002.html.

［10］韩志祥．素养导向下的高中物理作业设计的模型构建［J］．物理教师，2021，42（2）：17-20.

［11］核心素养研究课题组．中国学生发展核心素养［J］．中国教育学

刊，2016（10）：1-3.

［12］姜雨晴，张学波，林书兵，等. 数据赋能作业减负：内在逻辑、现实困境与实践路向［J］. 中国教育学刊，2024（1）：25-30.

［13］教育部办公厅关于加强义务教育学校作业管理的通知［J］. 中华人民共和国教育部公报，2021（6）：34-35.

［14］教育部办公厅关于印发《基础教育课程教学改革深化行动方案》的通知［J］. 中华人民共和国教育部公报，2023（5）：15-19.

［15］教育部办公厅关于加强义务教育学校作业管理的通知［J］. 中华人民共和国教育部公报，2021（6）：34-35.

［16］柯新凡. 论思政课教师德法兼修教学的整体性［J］. 思想政治课教学，2023（3）：81-85.

［17］雷浩，崔允漷. 核心素养评价的质量标准：背景、内容与应用［J］. 中国教育学刊，2020（3）：87-92.

［18］李臣之，张潇云. 论"双减"背景下高质量作业设计［J］. 教育科学研究，2023（3）：55-61.

［19］李帆，张伟，杨斌. 生态型学习质量：核心素养的课堂生成逻辑与实践路径［J］. 课程·教材·教法，2020，40（10）：62-69.

［20］李芳. "双减"政策下学校教育提质增效的问题与突破［J］. 云南师范大学学报（哲学社会科学版），2023，55（5）：139-148.

［21］李珏，黄涛. 数据驱动的数学核心素养评价方法［J］. 现代教育技术，2021，31（2）：12-18.

［22］李文桥. 作业设计展特色学生发展有路向［J］. 中学政治教学参考，2022（30）：70-72.

［23］李祥竹，李刚. "双减"背景下我国义务教育阶段作业设计优化路径研究［J］. 教育理论与实践，2022，42（20）：3-7.

［24］李小娟，刘清堂，王云豪，等．教育数字化赋能差异化作业设计的行动逻辑和服务模型［J］．电化教育研究，2023，44（8）：96–102.

［25］李秀妮，孙燕杰．落实立德树人的“一核四维”课堂建设［J］．中学政治教学参考，2023（22）：27–30.

［26］廖北怀，凌杰．基于学生核心素养的初中数学作业设计策略［J］．中国教育学刊，2023（S2）：58–60.

［27］廖正山，李曼丽．在线课程作业设计策略——基于八门在线课程样本的分析证据［J］．开放教育研究，2022，28（5）：79–92.

［28］刘长海，李海龙．新课标中核心素养对“双基”“三维目标”的继承与超越［J］．湖南师范大学教育科学学报，2024，23（03）：99–105+122.

［29］刘志军，李颖．从知识导向到素养立意：生成论视域下的作业评价变革［J］．宁波大学学报（教育科学版），2024，46（1）：1–8.

［30］刘义民．国外核心素养研究及启示［J］．天津师范大学学报（基础教育版），2016，17（02）：71.

［31］刘宗豪．从“课时主义”到“主题单元”：教学设计的范式转换与实施策略［J］．课程．教材．教法，2023，43（7）：54–60.

［32］卢广伟．以作业为“支点”撬动学校教育高质量发展——以北京景山学校学生作业多样化实践研究为例［J］．中国教育学刊，2023（S2）：7–10.

［33］罗生全，陈卓，张熙．基于增值评价的学生作业设计价值向度及优化策略［J］．中国教育科学（中英文），2022，5（4）：83–93.

［34］罗英，徐文彬．教材分析的基本逻辑、实践向度与现实策略［J］．教育理论与实践，2024（8）：38–42.

［35］祁占勇，余倩怡，张杰英．“双减”背景下学生作业负担缓解了

吗——基于中国西部11省1786份的实证调查［J］. 中国电化教育，2023（10）：73–81+88.

［36］石鸥．核心素养的课程与教学价值［J］. 华东师范大学学报（教育科学版）. 2016，34（01）：9–11.

［37］宋小娇．指向学业质量标准的初中道德与法治作业设计［J］. 思想政治课教学，2023（5）：80–82.

［38］王梦倩，王陆．教师作业设计改进：应然性与实然性互动的视角［J］. 中国电化教育，2023（4）：91–98.

［39］王学男，赵江山．“双减”背景下作业设计的多维视野和优化策略［J］. 天津师范大学学报（社会科学版），2022（2）：38–44.

［40］王亚兰．以“三线合一”之力培育责任意识［J］. 中学政治教学参考，2023（42）：52–53.

［41］吴忠民．世俗化与中国的现代化建设［J］. 清华大学学报（哲学社会科学版），2020，35（2）：162–181+198.

［42］武燕．初中道德与法治素养评价困境探因与路径优化［J］. 中学政治教学参考，2024（3）：69–71.

［43］肖娜，蒲一萍．知意能三位一体：初中道德与法治大单元教学［J］. 教育科学论坛，2025（05）：14.

［44］颜士刚，关彩红，冯友梅．聚焦思维结构的核心素养评价设计——以信息技术课程为例［J］. 现代远距离教育，2021（4）：59–65.

［45］杨安宇，许立群．学情分析助力高效课堂［J］. 中国教育学刊，2023（S2）：73–75.

［46］杨向东．基于核心素养的基础教育课程标准研制［J］. 全球教育展望，2017（10）：34–48.

［47］杨伟东．初中道德与法治核心素养的衔接思维与关系模型建构

[J]. 中学政治教学参考，2022（34）：9-12.

[48] 杨志明，王清华，黄斌，等. 矩阵式过程评价中的事实认定与价值判断——以数学学科为例 [J]. 浙江考试，2024（1）：17-22.

[49] 姚计海，张蒙. “双减”政策下教师专业发展的机遇、问题与对策 [J]. 北京师范大学学报（社会科学版），2022（6）：41-49.

[50] 余昆仑. 中小学作业设计与管理如何有效落实 [J]. 人民教育，2021（Z1）：34-36.

[51] 袁小梅，刘奕. 道德与法治课堂活动作业的设计与实施 [J]. 思想政治课教学，2023（3）：24-27.

[52] 袁野，袁文，黄梅. 整合理念下高质量作业设计的逻辑理路和实践进路 [J]. 基础教育，2022，19（6）：99-109.

[53] 张华. 核心素养与我国基础教育课程改革“再出发”[J]. 华东师范大学学报（教育科学版），2016，34（1）：7-9.

[54] 张华. 论核心素养的内涵 [J]. 全球教育展望，2016，45（4）：10-24.

[55] 张辉蓉，王静. “双减”背景下小学跨学科作业的重要价值与设计程序 [J]. 教育与教学研究，2023，37（12）：40-50.

[56] 张良. 热闹的“核心素养”与冷落的“素养”[J]. 教育发展研究，2018，38（6）：3.

[57] 张铭凯，靳玉乐. 教育强国建设的价值遵循、基本路径与动力机制 [J]. 西北师大学报（社会科学版），2024，61（2）：57-64.

[58] 张年丰. 指向核心素养的单元作业设计 [J]. 思想政治课教学，2022（2）：41-43.

[59] 赵德成. 什么样的作业是好作业：作业设计新理念 [J]. 课程·教材·教法，2023，43（6）：45-53.

[60] 郑乐安．“双减”背景下创新作业设计［J］．思想政治课教学，2022（4）：37-41.

[61] 中共中央办公厅、国务院办公厅印发《关于进一步减轻义务教育阶段学生作业负担和校外培训负担的意见》［J］．中华人民共和国教育部公报，2021（10）：2-7.

[62] 钟启泉．基于核心素养的课程发展：挑战与课题［J］．全球教育展望，2016，45（01）：3-25.

[63] 周露露，任强．家庭作业的伦理尺度、偏向与调适［J］．教育理论与实践，2024，44（5）：56-60.

[64] 朱文辉，石建欣，冀蒙．“双减”政策下作业设计的困境审视与思路转向［J］．教育学术月刊，2022（12）：74.

[65] 朱永新．教研制度：强国建设的教育基石［J］．教育研究，2024，45（1）：80-88.

[66] 邹寅斐．新结构课后作业的优化设计［J］．思想政治课教学，2023（2）：33-37.

[67] 中共中央办公厅、国务院办公厅印发《关于进一步减轻义务教育阶段学生作业负担和校外培训负担的意见》［J］．中华人民共和国教育部公报，2021（10）：2-7.

## 三、学位论文

[1] 曹岭令．促进合作问题解决的初中道德与法治作业设计研究［D］．上海：华东师范大学，2023.

[2] 黄萍．小学数学教师基于核心素养的作业设计现状与对策研究［D］．杭州：杭州师范大学，2022.

［3］王涵．学科核心素养指向的高中思想政治作业设计优化研究［D］．济南：山东师范大学，2023.

［4］谢瑞清．高中思想政治课实践性作业设计存在的问题及对策研究［D］．武汉：华中师范大学，2023.

［5］朱怡．基于学科核心素养的初中道德与法治课作业设计优化研究［D］．武汉：华中师范大学，2023.

## 四、外文文献

［1］Barth M.，Godemann J.，Rieckmann M.，et al. Developing Key Competencies for Sustainable Development in Higher Education［J］. International Journal of Sustainability in High Education，2007，8（4）：416-430.

［2］Brundiers K.，Wiek A. & Redman C. L.. Real-World Learning Opportunities in Sustainability：From Classroom into the Real World［J］. International Journal of Sustainability in Higher Education，2010，11（11）：308-324.

［3］Copper H.. Synthesis of Research On Homework［J］. Educational Leaderships，1989，47（3）：85-91.

［4］Dolean D. D.，& Lervag A.. Variations of homework amount assigned in elementary school can imp. act academic achievement［J］. The Journal of Experimental Education，2022，90（2）：280-296.

［5］Martin M. T. E.. Competency assessment through rubrics. The importance of mathematics in the generic competencies assessment［J］. Historiay Comunicacion Social，2013，18：243-255.

[6] Kalenkoski C. M. and Pabilonia S. W.. 2017. Does high school homework increase academic achievement? [J]. Education Economics, 2016, 25 (1): 45-59.

[7] Vargas H., Heradio R., Chacon J., De La Torre L., Farias G., Galan D. and Dormido S.. Automated assessment and monitoring support for competency-based courses [J]. IEEE Access, 2019, 7 (1): 41043-41051.

[8] Heitzmann R.. Target HOMEWORK to Maximize Learning [J]. Education Digest, 2007, 72: 40-43.

[9] Hopfenbeck T. N., Lenkeit J., El Masri Y., Cantrell K., Ryan J. and Baird J.A.. Lessons learned from PISA: A systematic review of peer-reviewed articles on the programme for international student assessment [J]. Scandinavian Journal of Educational Research, 2018, 62 (3): 333-353.

[10] Lee Jr J. F. and Pruitt K. W.. Homework assignments: Classroom games or teaching tools? [J]. Clearing House, 1979, 53 (1): 31-35.

[11] Núñez J. C., Epstein J. L., Suárez N., Rosário P., Vallejo G. and Valle A.. How do student prior achievement and homework behaviors relate to perceived parental involvement in homework? [J]. Frontiers in psychology, 2017, 8 (1): 1217.

[12] Epstein J. L. and Van Voorhis F. L.. More than minutes: Teachers' roles in designing homework [J]. Educational Psychologist, 2001, 36 (3): 181-193.

[13] Mathieu M.. The definition and selection of key competencies:

Executive summary [R/OL]. (2005-05-27) [2025-03-16]. https: //policy-commons. net/artifacts/3892484/the-definition-and-selection-of-key-competencies/4698810/.

[14] OECD. Preparing teachers and developing school leaders for the 21st century [R/OL]. (2012-12-16) [2023-02-11]. http: //www. oecd-ilibrary. org/education/preparing-teachers-and-developing-school-leaders-for-the-21st-century_9789264174559-en.

[15] Rush H. F. M.. Job design for motivation [M]. New York: The Conference Board, 1971.

[16] Rychen D. S., Tiana A.. Developing Key Competencies in Education: some lessons from international and national experience [J]. Unesco International Bureau of Education, 2004 (100): 35-80.

[17] Singh R. & Kumar S.. Information literacy competency of researchers in social sciences: An assessment from diverse perspectives [J]. Library Philosophy and Practice, 2021: 5685.

[18] Voogt J. & Roblin N. P.. A comparative analysis of international frameworks for 21st century competences: Implications for national curriculum policies [J]. Journal of curriculum studies, 2012, 44 (3): 299-321.

[19] Wiek A., Withycombe L. & Redman C. L.. Key competencies in sustainability: a reference framework for academic program development [J]. Sustainability Science, 2011, 6 (2): 203-218.

[20] Yeshika A.. Doing quantitative research in education with SPSS [J]. Evaluation & Research in Education, 2011, 24 (4): 305-306.

[21] European Commission. Proposal for a Recommendation of the Eu-

ropean Parliament and of the Council on Key Competences for lifelong Learning [EB/OL]. (2005-11-10) [2020-09-06]. https: //eurlex.europa.eu/legal-con70747460&uri-CELEX: 520tent/EN/TXT/? qid=1599305PC0548.

[22] Thagard P.. Philosophy of psychology and cognitive science [M]. Amsterdam: Elsvier, 2007: 413.

## 五、政策文件类

[1] 辞海编辑委员会. 辞海（下）[Z]. 上海：上海辞书出版社，1999：2304.

[2] 教育部. 义务教育道德与法治课程标准（2022年版）[S]. 北京：北京师范大学出版社，2022.

[3] 中国社会科学院语言研究所词典编辑室. 现代汉语词典（第七版）[Z]. 北京：商务印书馆，2016：1153.

[4] 全面深化课程改革落实立德树人根本任务 [N]. 中国教育报，2014-06-23（008）.

[5] 中共中央部党组. 共青团中央关于在各级各类学校推动培育和践行社会主义核心价值观长效机制建设的意见 [EB/OL].（2014-11-03）[2023-11-05]. http: //www.moe.gov.cn/srcsite/A12/s7060/201410/t20141020_177847.html.

[6] 袁振国. 核心素养如何转化为学生素质 [N]. 光明日报，2015-12-08，15版.

[7] 钟启泉. 核心素养：奏响学校变革进行曲 [N]. 中国教育报，2020-01-08（005）.

[8] 教育部. 教育部关于全面深化改革　落实立德树人任务的意见

[EB/OL]. (2014-04-08) [2023-11-05]. http://www.moe.gov.cn/srcsite/A26/jcj_kcjcgh/201404/t20140408_167226.htm.

[9] 教育部. 基础教育课程改革纲要（试行）[EB/OL].（2001-06-08）[2023-11-05]. https://www.gov.cn/gongbao/content/2002/content_61386.htm.

[10] 教育部，等. 关于印发中小学生减负措施的通知 [EB/OL].（2018-12-28）[2023-11-05]. http://www.moe.gov.cn/srcsite/A06/s3321/201812/t20181229_365360.html.

[11] 广东省教育研究院. 从布鲁姆到马扎诺——教育目标理论的演进.（2013-03-01）[2023-11-08]. https://gdae.gdedu.gov.cn/.

[12] 教育部等关于印发中小学生减负措施的通知 [EB/OL].（2018-12-28）[2023-11-05]. http://www.moe.gov.cn/srcsite/A06/s3321/201812/t20181229365360.html.

[13] 习近平. 高举中国特色社会主义伟大旗帜 为全面建设社会主义现代化国家而团结奋斗：在中国共产党第二十次全国代表大会上的报告 [N]. 人民日报，2022-10-17（002）.

[14] 习近平. 用新时代中国特色社会主义思想铸魂育人 贯彻党的教育方针落实立德树人根本任务 [N]. 人民日报，2019-03-19（001）.